FREUD
o mal-estar na civilização

FREUD
o mal-estar na civilização

Tradução
Inês A. Lohbauer

MARTIN CLARET

Sumário

Apresentação   7

O MAL-ESTAR NA CIVILIZAÇÃO

Capítulo I   15
Capítulo II   31
Capítulo III   51
Capítulo IV   73
Capítulo V   87
Capítulo VI   101
Capítulo VII   111
Capítulo VIII   129

Apresentação

BERENICE CARPIGIANI*

> *A la vida nos echáis*
> *Dejando que el pobre incurra em culpa;*
> *Luego lo dejáis sufrir,*
> *Pues toda culpa se há de expiar.*
> (Goethe. 1714)
> *Asi la consciência nos hace a todos cobardes.*
> (Shakespeare. 1715)

As duas vinhetas com as quais se abre a apresentação desta tradução de *O mal-estar na civilização*, foram retiradas da primeira edição da tradução espanhola (direta do alemão) das obras completas de Freud, publicada pelo Editorial Biblioteca Nueva, Madri 1922.

As obras de Freud são assim: atravessam séculos, idiomas, culturas.

---

* Berenice Carpigiani é psicóloga, formada em Psicologia pela Pontifícia Universidade Católica, e em Psicanálise pelo Instituto Sedes Sapientiae, ambos em São Paulo. Possui o registro como especialista em psicologia clínica no Conselho Regional de Psicologia (CRP/06). Também é doutora na área de comunicação e saúde pela Universidade Metodista de São Paulo (Umesp). Integra o Laboratório de Psicanálise, Saúde e Cultura, vinculado ao curso de psicologia da Universidade Presbiteriana Mackenzie, onde é professora titular e supervisora de estágios na área clínica. Foi coordenadora do curso de psicologia, e atualmente é diretora do Centro de Ciências Biológicas e de Saúde dessa universidade. Com os pacientes de seu consultório particular ela trabalha utilizando a perspectiva teórico-técnica da psicanálise.

A partir de 1948, quando o Instituto de Psicanálise de Londres e *The Hogarth Press*, pelas mãos de James Strachey, assumiram traduzir e publicar os textos de Freud em língua inglesa, é possível perceber o grande esforço dos tradutores para que as traduções chegassem o mais perto possível do original alemão. A estrutura refinada de escrita de Freud, associada à profundidade conceitual que ele apresenta, dificultam sobremaneira o trabalho dos tradutores.

Tomando como exemplo a tradução de Strachey que se concretizou na *The Standard Edition of the Complete Psychological Works of Sigmund Freud*, mesmo sendo bem avaliada por Freud, apresenta um conjunto de distanciamentos conceituais. No livro *As palavras de Freud*, Paulo Cesar Souza, assim como outros autores, destaca que, embora Freud tenha referendado a tradução de Strachey, os termos são um tanto biologizantes na tentativa de aproximar a psicanálise de um modelo das ciências naturais, daí os já consagrados "erros" e confusões: catexia e investimento, repressão e recalque, instinto e pulsão e mesmo civilização e cultura.

Tomando essas, dentre tantas outras dificuldades dos tradutores e editoras, estamos nós, brasileiros, sendo agraciados com uma nova tradução direta do alemão para o português, do livro *O mal-estar na civilização*, escrito no ano de 1929 e publicado em idioma alemão em 1930, com o título: *Das Unbehagen in der Kultur* (O mal-estar na civilização).

No âmbito da teoria proposta por Freud, *O mal-estar na civilização* avança na discussão de temas da esfera cultural que envolvem ética, moral social e religião. Aos estudarmos textos anteriores, é possível reconhecer que este material foi se desenvolvendo juntamente com seu trabalho clínico.

O primeiro é de 1908 — "Moral sexual civilizada e doença nervosa" — no qual Freud apresenta e discute a luta entre a civilização e a satisfação pulsional. E vai mostrando como a cultura estabelece restrições para tornar possível a vida em sociedade e as consequências da repressão na construção de processos neuróticos. Este texto possibilita uma interessante leitura nesse eixo conceitual, onde Freud teoriza com clareza a relação de repressão 'externa' que será posteriormente ressaltada em 1930.

O segundo texto é de 1912 — "Totem e tabu" — onde Freud nos brinda com uma escuta muito especial para os elementos que levam ao desenvolvimento da civilização, com base na repressão dos instintos, na submissão do ser humano às proibições, sua ligação com as punições e com a culpa — ingredientes da neurose. O terceiro texto é de 1927 — "O futuro de uma ilusão" — onde Freud retoma a ideia de que a civilização se constrói a partir da negação dos instintos e enfatiza o papel da religião — por um lado como uma força coercitiva, e por outro como o alcance do alívio para os sofrimentos impostos, tanto pelas restrições sociais quanto pela repressão dos instintos.

O mal-estar na civilização busca mostrar a raiz das neuroses entremeada na essência nodal das culturas. É um texto inquietante pelas novidades sobre a clínica das neuroses, intrigante pela especulação teórica que lançou no universo intelectual, ousado e apaixonante pela perspectiva de leitura que oferece sobre a cultura e as sociedades.

Peter Gay (1990) ressalta que *O mal-estar na civilização* é um material a ser compreendido a partir do peso inegável que a Primeira Guerra depositou sobre os ombros de Freud, aguçando sua percepção sobre a relação árdua entre o indivíduo e a sociedade. É um texto sobre as exigências que levam o homem a constranger as pulsões, distanciando-se da felicidade em função dos mecanismos de apropriação inconsciente das informações que advém da cultura.

Diz Freud: "A cultura repousa integralmente sobre a coerção das pulsões". E em relação a essa afirmação, Renato Mezan (2002) escreve que Freud "ao afirmar que o ser humano é, por natureza, um animal social, ao mesmo tempo ele afirma que essa sociabilidade, indispensável para sua sobrevivência, implica um pesado sacrifício no plano pulsional. Essa talvez seja a ideia mais geral que Freud introduziu". Acrescente-se a essas ideias o papel da culpa advinda das imposições internas e externas ao indivíduo, que fazem seu caminhar penoso. São exigências do instinto e restrições culturais, dentro do terreno mental.

Questões desta natureza são tecidas e esmiuçadas por Freud neste belíssimo livro que nos dá inúmeros ingredientes para compreendermos o mundo no período em que foi escrito, o nosso atual, e também para prospectarmos o futuro da cultura humana.

A grande riqueza da obra freudiana está no sentido de permitir inúmeras chaves de leitura, uma massa crítica que a partir de Freud e tal como ele fez ao longo de sua obra, reorganiza o corpo conceitual de modo a compreender e auxiliar o Homem a lidar com o mal-estar de sua existência.

A editora Martin Claret toma uma rica decisão quando adiciona aos seus títulos publicações da psicanálise e, especialmente, ao iniciar essa jornada com a preciosa tradução direta do alemão — feita por Inês Lohbauer — desnudando-a em elementos fundamentais para a compreensão do pensamento psicanalítico, seja sob a forma de relações sociais e institucionais, sob o formato do sofrimento psíquico que assola as pessoas individualmente, ou no âmbito dos grupos a que elas pertencem.

FREUD
o mal-estar na civilização

capítulo I

Não podemos deixar de ter a impressão de que as pessoas geralmente avaliam as coisas baseando-se em parâmetros equivocados, ambicionam o poder, o sucesso e a riqueza, e admiram tudo isso nos outros, mas subestimam os verdadeiros valores da vida. Mesmo assim, com esses julgamentos genéricos, corremos o risco de esquecer a diversidade do mundo humano e a sua vida anímica. Existem alguns homens que gozam da admiração de seus contemporâneos, apesar da sua grandeza fundamentar-se em características e feitos basicamente alheios aos objetivos e ideais da maioria. Podemos admitir facilmente que apenas uma minoria reconhece esses grandes homens, enquanto a imensa maioria não quer saber deles. Mas isso não deveria ocorrer tão facilmente, tendo-se em vista a incompatibilidade entre o pensamento e a ação das pessoas e a diversidade dos seus desejos.

Em suas cartas, um desses homens excepcionais chama a si mesmo de meu amigo. Enviei-lhe meu pequeno manuscrito, em que trato a religião como uma ilusão, e ele respondeu que concordava inteiramente com minha opinião, mas lamentava que eu não tivesse levado em consideração a verdadeira fonte da religiosidade. Ela seria um sentimento especial que nunca o abandonava; sua existência lhe fora confirmada por muitas outras pessoas, e ele podia pressupor que ela existiria em milhões de outras. Era um sentimento que ele poderia chamar de percepção da "eternidade", um sentimento de algo ilimitado, sem barreiras, ao mesmo tempo "oceânico". Esse sentimento era um fato puramente subjetivo, não um princípio, uma crença. Não implicaria numa garantia de continuidade da vida pessoal, mas seria a fonte da energia religiosa que abastecia as mais diversas igrejas e sistemas religiosos, era direcionada a canais determinados e certamente também consumida por eles. Só em função desse sentimento oceânico é que poderíamos nos definir como religiosos, mesmo rejeitando toda crença e toda ilusão.

Essa afirmação do meu prezado amigo, que um dia também enalteceu poeticamente a magia da ilusão, causou-me algumas dificuldades.[1] Eu mesmo não consigo encontrar em mim esse "sentimento oceânico".[2] Não é muito fácil analisar cientificamente os sentimentos. Podemos tentar

---

[1] Liluli, 1923. Desde a publicação dos dois livros *La vie de Ramakrishna* e *La vie de Vivekananda* (1930) não preciso mais esconder que o amigo mencionado no texto é Romain Rolland. (N.A.)

[2] Na visão de Romain Rolland (1866-1944), escritor francês — ganhador do prêmio Nobel de Literatura de 1915, e autor dos romances *Jean Christophe* e *A alma encantada*, além de diversas biografias — o "sentimento oceânico" seria a fonte de toda religiosidade, enquanto para Freud ele seria um sentimento difuso, em que os limites entre o ego e o mundo exterior não são muito claros. Ele ocorreria na primeira infância, na fase do narcisismo, mas também na idade adulta, em certos estados regressivos como o transe, a embriaguez e as psicopatologias. (N.T.)

descrever seus sinais fisiológicos. Quando isso não é possível — e temo que o sentimento oceânico não possa ser objeto dessa caracterização — não nos resta nada além de nos atermos ao conteúdo da imaginação que mais se assemelhe ao sentimento, associativamente. Se entendi corretamente o que meu amigo quis dizer, creio que é a mesma coisa que um poeta original e bastante estranho atribui ao seu herói, e que lhe serve de consolo diante da morte voluntária: "Não podemos cair deste mundo".[3] Portanto, é o sentimento de uma ligação indissolúvel, de pertencimento à totalidade do mundo exterior. Quero dizer que para mim tudo isso possui sobretudo o caráter de uma visão intelectual, certamente não sem o acompanhamento do matiz de um sentimento que também não está ausente de outros pensamentos de amplitude similar. Eu mesmo não consigo me convencer da natureza primária de tal sentimento. No entanto eu não poderia, só por isso, contestar a sua ocorrência efetiva em outras pessoas. A questão é apenas se ele seria interpretado corretamente, e se deveria ser reconhecido como *"fons et origo"*[4] de todas as necessidades religiosas.

---

[3] D. Chr. Grabbe: Aníbal: "Não podemos cair deste mundo. Afinal, estamos dentro dele." (N.A.)

Fala do quinto ato da peça teatral "Hannibal", escrita por Christian Dietrich Grabbe (1801-1836), sobre o general cartaginês Aníbal (246-183 AC), em que, pouco antes de se matar bebendo veneno, ele diz a um companheiro: "Não podemos cair deste mundo, afinal, estamos dentro dele. Bebam!" (N.T.)

[4] Do latim, "fonte e origem". (N.T.)

Nada tenho a apresentar que possa influenciar decisivamente a solução desse problema. A ideia de que o ser humano possa ter a noção da sua relação com o mundo por meio de um sentimento direto, desde o início orientado a isso, soa de forma tão estranha, encaixa-se tão mal no tecido da nossa psicologia, que se pode até tentar criar uma opção psicanalítica, isto é, genética, para tal sentimento. Então coloca-se à nossa disposição o seguinte raciocínio: normalmente de nada estamos mais certos do que do sentimento de nosso ego (nosso *self*), nosso próprio ego. Esse ego nos parece independente, uno, bem delimitado de todo o resto. O fato dessa aparência ser ilusória, de que, sem uma delimitação nítida o ego avança para dentro, para um ser psíquico inconsciente que designamos como Id, ao qual ele também serve como fachada, só nos foi ensinado pela pesquisa psicanalítica, que ainda nos deve muitas outras informações sobre a relação do ego com o Id. Porém, pelo menos visto de fora, o ego parece possuir delimitações claras e nítidas. Isso só é diferente numa única situação, no caso uma situação extraordinária, mas que não podemos considerar doentia. No auge da paixão, a delimitação entre o ego e o objeto ameaça dissolver-se. Contrariando todas as evidências dos sentidos, o apaixonado afirma que eu e você são um só, e ele está disposto a se comportar como se isso fosse verdade. O que pode ser interrompido temporariamente por uma função fisiológica, naturalmente também pode ser prejudicado por processos doentios. A patologia nos apresenta um grande número de estados nos quais a delimitação do ego diante do mundo exterior torna-se imprecisa, ou os limites são de fato determinados incorretamente: casos em que partes do nosso próprio corpo, sim, elementos da nossa vida psíquica, percepções, pensamentos ou sentimentos, parecem-nos estranhos e não pertencentes ao ego, e outros ainda, em que atribuímos ao mundo exterior o que claramente surgiu no ego e deveria ser reconhecido por ele. Portanto, o sentimento do ego também está submetido a perturbações, e os seus limites não são estáveis.

Uma outra reflexão considera que o sentimento do ego do homem adulto não pode ter sido assim desde o início. Ele deve ter passado por um desenvolvimento que, compreensivelmente, não pode ser comprovado, mas é passível de ser construído com uma razoável probabilidade.[5] O bebê ainda não separa seu ego de um mundo exterior como fonte das percepções que lhe chegam. Aprende a fazer isso gradualmente, em função dos diversos estímulos que recebe. Assim, terá uma forte

---

[5] De acordo com os inúmeros trabalhos de Ferenczi sobre o desenvolvimento e o sentimento do ego *Entwicklungstufen des Wirklichkeitssinnes* (Etapas do desenvolvimento do senso de realidade) (1913) até as contribuições de P. Federn em 1926, 27, e posteriores. (N.A.)

Sándor Ferenczi (1873-1933) foi um importante discípulo de Freud, e inspirou muitos outros que se seguiram a ele. Em suas obras ele abordou importantes conhecimentos sobre a teoria da relação com os objetos e a psicotraumatologia, além de inspirar muitos estudiosos, como Melanie Klein e outros. Paul Federn (1871-1950) também discípulo de Freud, fez importantes pesquisas sobre as psicoses. (N.T.)

impressão quando perceber que algumas fontes de estímulos, nas quais mais tarde reconhecerá os órgãos do seu corpo, podem enviar-lhe sensações a qualquer instante, enquanto outras lhe escapam temporariamente — entre as quais a mais desejada, o seio materno — e só podem ser recuperadas com um choro exigindo ajuda. Assim, pela primeira vez ele se confronta com um "objeto", algo que se encontra "do lado de fora" e só é trazido à cena por meio de uma ação específica. Outro estímulo para o ego se separar da massa de sensações, portanto, para o reconhecimento de um "lado de fora", de um mundo exterior, é dado pelas numerosas, diversificadas e inevitáveis sensações de dor e desprazer, que o princípio de prazer, soberano e predominante, busca evitar e eliminar. Surge a tendência de separar do ego e atirar para fora tudo o que possa tornar-se uma fonte desse desprazer, de criar um ego de puro prazer, contraposto a um exterior estranho, ameaçador. Os limites desse ego prazeroso primitivo não conseguem fugir da retificação por meio da experiência. Algumas coisas que nos dão prazer e às quais não queremos renunciar, não são o ego, na verdade elas são o "objeto", e alguns sofrimentos que queremos afastar mostram-se inseparáveis do ego, eles têm uma origem interna. Com o direcionamento proposital da atividade dos sentidos e uma ação muscular adequada, aprendemos o que fazer para distinguir o que é interno — pertencente ao ego — e o que é externo — procedente de um mundo exterior, dando o primeiro passo para a implantação do princípio de realidade, que deve dominar o desenvolvimento posterior. Naturalmente essa distinção serve ao propósito prático da defesa contra a presença e a ameaça das sensações de desprazer. O fato do ego não conseguir usar nenhum outro método para a defesa contra determinados estímulos desagradáveis, além daqueles que ele usa para combater o desprazer que vem de fora, torna-se depois o ponto de partida de significativas perturbações doentias.

Portanto, desse modo o ego se desprende do mundo exterior. Melhor dizendo: originalmente o ego contém tudo, porém mais tarde ele separa o mundo exterior. Hoje, nossa percepção do ego é apenas o resto atrofiado de um sentimento muito mais amplo, sim, um sentimento abrangente, que correspondia a uma ligação mais íntima do ego com o mundo ao redor. Se pudéssemos supor que esse sentimento primário do ego manteve-se na vida psíquica de muitas pessoas — em maior ou menor medida — ele poderia ser colocado, como uma espécie de contraponto, ao lado do sentimento do ego da maturidade, que é mais estrita e nitidamente delimitado; então, os conteúdos imaginativos a ele pertinentes seriam justamente aqueles da ausência de limites e da ligação com a totalidade, os mesmos que meu amigo utiliza para descrever o sentimento "oceânico". Mas será que temos o direito de supor que esse ego primitivo sobreviveu ao lado do mais avançado, no qual ele se tornou?

Indubitavelmente, tanto no âmbito psíquico quanto em outros âmbitos, uma ocorrência como essa não surpreende. No caso do mundo animal supomos que as espécies mais desenvolvidas são originárias das espécies inferiores. Mesmo assim, ainda hoje encontramos todas as formas de vida mais simples entre as espécies atualmente vivas. A linhagem dos grandes dinossauros extinguiu-se e abriu espaço para os mamíferos, mas um autêntico representante daquela linhagem, o crocodilo, ainda vive conosco. A analogia pode ser muito remota, e também não leva em conta o fato de que as espécies inferiores sobreviventes, em sua maioria, não são as verdadeiras ancestrais daquelas de hoje, mais desenvolvidas. Via de regra os ramos intermediários estão extintos, e só se tornam conhecidos por meio de reconstruções. Por outro lado, no âmbito psíquico, é tão frequente a sobrevivência do que é primitivo ao lado do que se originou dele e passou por uma transformação, que se torna supérfluo comprová-lo por meio de exemplos. Na maioria das vezes esse processo é consequência de uma ruptura no desenvolvimento. Uma parte quantitativa de um ajustamento, de um impulso instintivo, permaneceu inalterada, a outra continuou a se desenvolver.

Com isso, no âmbito psíquico, tocamos no problema mais geral da conservação daquilo que ainda não foi elaborado, mas é tão atraente e significativo que podemos dedicar-lhe um instante de atenção, mesmo sem uma motivação evidente. Desde que superamos o equívoco de que nosso esquecimento comum seria uma destruição dos vestígios da memória, portanto, uma aniquilação, tendemos a aceitar a suposição oposta, de que na vida psíquica nada do que um dia foi assimilado pode acabar, de que tudo permanece de algum modo preservado e, em circunstâncias adequadas, por exemplo, por meio de uma regressão de amplo alcance, pode ser novamente trazido à tona. Usando uma comparação com elementos de outra área, tentaremos expressar mais claramente o conteúdo dessa suposição. Tomaremos o exemplo do desenvolvimento da Cidade Eterna.[6] Os historiadores nos ensinam que a Roma antiga era a Roma *quadrata*, um assentamento cercado no monte Palatino. Seguiu-se a fase do Septimôncio,[7] uma reunião dos assentamentos das colinas, depois a da cidade delimitada pela Muralha Serviana,[8] e mais tarde ainda, depois de todas as transformações ocorridas na época republicana e nos antigos tempos imperiais, a da cidade que o imperador Aureliano cercou com as suas muralhas. Não pretendemos acompanhar todas as transformações da cidade, porém gostaríamos de nos perguntar o que um visitante, que imaginamos

---

[6] Segundo a *Cambridge Ancient History*, T. VII. 1928. "The founding of Rome" de Hugh Last. (N.A.)

[7] O Septimôncio era uma celebração dos residentes (montanos) das setes colinas (montes), em que eles comemoravam a sua incorporação a Roma. (N.T.)

[8] Sérvio Túlio (reinou entre 578 e 539 AC) foi o sexto rei de Roma. Construiu a primeira muralha da cidade, criou as primeiras leis sociais, levou Roma à hegemonia na Península Itálica, e fez com que a cidade ingressasse na Liga das Sete Colinas. As ruínas hoje existentes dessa muralha são restos de construções mais recentes. (N.T.)

estar a par dos mais completos conhecimentos históricos e topográficos, ainda poderá encontrar na Roma de hoje, como remanescentes dessas antigas construções. A não ser por algumas partes destruídas, ele encontrará a muralha de Aureliano quase inalterada. Em alguns pontos ele poderá ver também trechos do Fosso Serviano, revelados pelas escavações. Se souber o suficiente — mais do que a arqueologia de hoje — talvez esse visitante consiga desenhar toda a extensão dessa muralha e o contorno da Roma *quadrata* no mapa da cidade. Ele não encontrará quase nada, ou apenas poucos remanescentes dos edifícios que um dia preencheram essa moldura antiga, pois eles não existem mais. O máximo que o bom conhecimento sobre a Roma republicana poderia proporcionar a esse visitante, seria a indicação dos locais onde se situavam os templos e os edifícios públicos daquela época. Atualmente apenas ruínas ocupam esses lugares, mas não as ruínas das construções originais, porém as restaurações de tempos posteriores, depois de muitos incêndios e destruições. Nem é preciso mencionar, especialmente, que todos os remanescentes da antiga Roma figuram apenas como fragmentos, no meio da confusão de uma grande cidade que se desenvolveu muito nos últimos séculos, desde o Renascimento. Muita coisa antiga certamente ainda está enterrada no solo da cidade ou embaixo de seus edifícios modernos. Esse é o tipo de preservação do passado que encontramos em cidades históricas como Roma.

Então fazemos a fantástica suposição de que Roma não seria um local de habitação humana, mas um ser psíquico com um passado igualmente longo e duradouro. Portanto, um lugar onde nada do que um dia existiu desapareceu, onde, paralelamente à sua mais recente fase de desenvolvimento, todas as fases anteriores continuam existindo também. Para Roma isso significaria que, sobre o Palatino, os palácios imperiais e o Setizônio de Sétimo Severo[9] ainda se ergueriam em toda sua antiga imponência, que a fortaleza de Santo Angelo[10] ainda exibiria em suas ameias as belas estátuas que a enfeitavam até a ocupação pelos godos, etc. Mais ainda: no lugar do Palazzo Caffarelli ainda existiria, sem que precisássemos retirar esse edifício, o templo de Júpiter Capitolino,[11] e este não apenas na sua última configuração, como o viram os romanos da época imperial, mas também na mais antiga, quando ele ainda exibia suas formas etruscas e era

---

[9] Lúcio Sétimo Severo (145-211 d.C.) foi um importante imperador romano, pai de Caracala. Ele construiu o Setizônio, um tipo de edifício rodeado de sete ordens de colunas ou sete andares. Imaginava-se que tivesse o duplo propósito de servir como uma extravagante fachada para o distrito imperial e um majestoso ninfeu, santuário consagrado às ninfas aquáticas, pois era decorado com muitas estátuas, mosaicos, fontes e plantas. (N.T.)

[10] Também conhecida como Mausoléu de Adriano, situa-se à margem direita do rio Tibre, perto do Vaticano. Atualmente é um museu. (N.T.)

[11] O templo de Júpiter Capitolino foi totalmente demolido no séc. XVI, quando Giovanni Pietro Caffarelli construiu o palácio que leva seu nome, usando os materiais do antigo templo. Atualmente abriga uma das alas do Museu Capitolino. (N.T.)

amplamente adornado com antefixos[12] de barro. Onde hoje fica o Coliseu, poderíamos também admirar a desaparecida Domus Aurea de Nero; na praça do Pantheon, não encontraríamos apenas o Pantheon atual como nos foi legado por Adriano, mas no mesmo terreno também a construção original de Marcos Agrippa. Com efeito, o mesmo solo comportaria a igreja de Santa Maria "sopra" Minerva,[13] e também o antigo templo sobre o qual está construída. E com tudo isso seria apenas necessária uma mudança na direção do olhar ou do ponto de vista do observador, para produzir um ou outro panorama.

Evidentemente não há sentido em continuarmos com essa fantasia, ela conduz ao inimaginável, sim, até mesmo ao absurdo. Se quisermos representar espacialmente os fatos históricos sequenciais, isso só poderá ser feito se os colocarmos lado a lado no espaço; o mesmo espaço não comporta um preenchimento duplo. Nossa tentativa parece ser uma brincadeira inútil, ela tem apenas uma justificativa: mostrar-nos como estamos distantes de dominar as peculiaridades da vida psíquica por meio de uma representação concreta.

---

[12] Antefixos são blocos ornamentais de barro ou de pedra colocados verticalmente ao longo dos beirais dos telhados para proteger a extremidade da telha e esconder a união entre elas. (N.T.)

[13] "Sopra" em italiano quer dizer "sobre", e significa que a igreja foi construída sobre um antigo templo de Minerva. Existe a hipótese de que bem antes teria sido na verdade um templo dedicado à deusa Ísis do Egito. (N.T.)

Ainda falta nos posicionarmos em relação a uma objeção. Podem nos perguntar por que justamente escolhemos o passado de uma cidade para compará-lo com o passado da nossa psique. A suposição da preservação do passado também poderia valer para a vida psíquica, mas apenas sob a condição de que o órgão da psique tenha permanecido intacto, de que seu tecido não tenha sofrido nenhum trauma ou infecção. As influências destruidoras, que poderíamos comparar às causas de patologias, também existem na história de toda cidade, mesmo quando ela teve um passado menos movimentado do que Roma, e inclusive quando, como Londres, ela raramente foi atacada por inimigos. O desenvolvimento mais pacífico de uma cidade inclui demolições e substituições de edifícios, e por isso, desde o início, o exemplo da cidade não seria apropriado para se fazer esse tipo de comparação com um organismo psíquico.

Nós nos rendemos a essa objeção e, abdicando desse forte contraste, vamos nos voltar para um objeto de comparação mais similar, ou seja, o corpo animal ou humano. Porém aqui encontramos a mesma situação. As antigas fases de desenvolvimento não foram preservadas em nenhum aspecto, elas apenas se incorporaram às fases posteriores, ao lhes fornecerem o material para elas. Não se pode comprovar, num adulto, a existência do embrião que ele foi antes de nascer; toda criança possui uma glândula do timo que na puberdade é substituída pelo tecido conjuntivo, e deixa de existir. Nos ossos longos do homem maduro até é possível identificar o contorno dos ossos infantis, mas estes mesmos já desapareceram, na medida em que cresceram e se tornaram mais densos, até alcançarem sua forma definitiva. Conclui-se que uma preservação desse tipo, que inclui todas as configurações de fases anteriores paralelamente à configuração definitiva, só é possível no âmbito psíquico, e que não somos capazes de representar esse processo adequadamente.

Quem sabe não estamos indo longe demais nessa suposição... Talvez devêssemos nos contentar em afirmar que o passado *pode* permanecer preservado na vida psíquica, que ele não precisa necessariamente ser destruído. Em todo caso, sempre é possível que, também na psique, alguns conteúdos antigos — via de regra ou excepcionalmente — foram tão apagados ou consumidos que não podem mais ser recuperados e reavivados por meio de nenhum tipo de procedimento, ou que a preservação no geral esteja vinculada a determinadas condições favoráveis. É possível, mas não sabemos nada sobre isso. Podemos apenas manter a afirmação de que a preservação do passado na vida psíquica é muito mais a regra do que uma estranha exceção.

Quando nos dispomos a reconhecer que em muitas pessoas existe um sentimento "oceânico" e tendemos a situá-lo lá atrás no passado, numa antiga fase do sentimento do ego, surge aquela outra dúvida: por que esse sentimento deveria ser visto como a fonte das necessidades religiosas?

Para mim essa condição não parece ser obrigatória. Um sentimento só pode ser uma fonte de energia quando ele mesmo é a expressão de uma forte necessidade. Quanto às necessidades religiosas, parece-me inegável que elas derivam do desamparo infantil e do consequente desejo de ter um pai, pois nesse caso esse sentimento não evolui após a vida infantil, mas mantém-se de forma duradoura em função do medo da supremacia do destino. Não me ocorre nenhuma outra necessidade infantil que seja tão forte como a de proteção paterna. Com isso o papel do sentimento oceânico, que poderia promover uma renovação do narcisismo ilimitado, é afastado da sua posição prioritária. Podemos procurar a origem da postura religiosa acompanhando uma trajetória bastante clara, que nos levará ao sentimento infantil do desamparo. Podem existir outras coisas por trás dela, mas por enquanto estão encobertas por uma forte névoa.

Posso imaginar que só posteriormente o sentimento oceânico passou a ter uma relação com a religião. Esse "ser uno" com o universo, que é o seu conteúdo conceitual, apresenta-se a nós como a primeira tentativa de um consolo religioso, como mais um caminho à negação do perigo que o ego reconhece como ameaça do mundo exterior. Confesso novamente que é muito difícil para mim trabalhar com essas grandezas quase impalpáveis. Outro amigo meu, cuja ânsia irrefreável de conhecimento o impela às experiências mais incomuns e finalmente o levou a se tornar um onisciente, assegurou-me que na prática do ioga, com o desligamento do mundo exterior e a atenção concentrada nas funções corporais, e também por meio de certas práticas respiratórias, podemos despertar novas percepções e sentimentos bem mais amplos, que ele entende como regressões a estados psíquicos muito antigos e primitivos, há muito encobertos. Ele vê neles uma, por assim dizer, fundamentação fisiológica de muitas sabedorias da mística, inclusive relações estreitas com algumas obscuras alterações da vida psíquica, como o transe e o êxtase. Diante disso, tenho vontade de clamar em voz alta, usando as palavras do mergulhador de Schiller:

"Que se alegrem os que respiram na luz rosada!"[14]

---

[14] "O mergulhador" é um poema do poeta alemão Friedrich Schiller (1758-1805), em que um jovem mergulha no mar para buscar um cálice atirado pelo rei. Ao conseguir trazer o objeto à superfície, o intrépido jovem clama: "Longa vida ao rei! Que se alegrem os que respiram na luz rosada!" O monarca desafia o rapaz a um segundo mergulho, em que o pobre acaba se afogando. (N.T.)

capítulo II

No meu ensaio "O futuro de uma ilusão", não falei tanto das profundas fontes do sentimento religioso, porém mais daquilo que o homem comum entende como sua religião: o sistema de doutrinas e promessas que, por um lado, esclarecem-lhe os enigmas deste mundo com invejável perfeição, e, por outro, asseguram-lhe que uma Providência protetora zela por sua vida, garantindo também que seus eventuais fracassos sejam compensados numa existência no além. O homem comum não consegue imaginar essa Providência, a não ser na pessoa de um pai grandioso e supremo. Só alguém assim pode conhecer as necessidades do ser humano, comover-se com seus pedidos e apaziguar-se diante dos sinais de seu arrependimento. Tudo isso é tão evidentemente infantil, tão irreal, que numa reflexão empática ao homem torna-se doloroso pensar que a grande maioria dos mortais nunca conseguirá elevar-se acima dessa concepção de vida. É mais vergonhoso ainda saber que uma grande parte dos contemporâneos reconhece que a religião não se sustenta, mas procura defendê-la pouco a pouco, em lamentáveis tentativas de evasão. Juntando-nos às fileiras de crentes, gostaríamos de advertir os filósofos que acreditam poder salvar o Deus da religião, substituindo-o por um princípio impessoal, obscuro e abstrato, lembrando o mandamento: "Não deves usar o nome de Deus em vão!" Se alguns dos maiores espíritos de tempos passados fizeram o mesmo, não pretendemos nos referir a eles aqui. Sabemos porque tiveram de fazer isso.

Voltemos ao homem comum e à sua religião, a única que deveria usar esse nome. Então nos deparamos com o nosso grande poeta e sábio, que se expressa sobre a relação da religião com a arte e a ciência. Ele diz o seguinte:

> "Quem tem ciência e arte
> Também tem religião;
> Quem não tem nenhuma das duas
> Que tenha religião!"[1]

Por um lado, nessa máxima a religião é colocada em oposição às duas maiores realizações do ser humano, por outro, afirma que ela pode representá-las ou substituí-las, quanto ao seu valor na vida. Se quisermos contestar a religião também do homem comum, aparentemente não teremos a autoridade do poeta ao nosso lado. Tentaremos avaliar a sua frase por um caminho especial. A vida, tal como nos é imposta, é difícil demais para nós, ela nos traz dores demais, decepções demais, tarefas insolúveis. Para suportá-la, não podemos prescindir de paliativos. (Não dá para ficarmos

---

[1] Goethe, em "*Zahmen Xenien*" IX (Poemas do legado). (N.A.)

sem "construções auxiliares", disse-nos Theodor Fontane).[2] Talvez sejam três os paliativos: fortes distrações, que diminuem a importância que damos à nossa miséria, satisfações substitutivas que reduzem essa miséria, e entorpecentes, que nos deixam insensíveis a ela. Qualquer coisa desse tipo é indispensável.[3] Voltaire[4] recomenda a distração, quando finaliza a história de seu personagem Cândido, aconselhando que cada um trabalhe no seu jardim; a atividade científica também pode ser uma distração desse tipo. As satisfações substitutivas, como aquelas fornecidas pela arte, são ilusões que se contrapõem à realidade, mas não são menos eficazes psiquicamente, graças ao papel representado pela fantasia na vida psíquica. Os entorpecentes influenciam nosso corpo, eles modificam sua química. Não é fácil determinar o lugar da religião nesse grupo. Precisaremos pesquisar mais.

---

[2] Theodor Fontane (1819-1898) escritor alemão, escreve essa frase no seu romance *Effi Briest*. O personagem Wüllensdorf, ao aconselhar o amigo Innstetten, que não via mais sentido na vida, conta-lhe que um dia, ao encontrar um construtor que já viajara muito, este lhe disse: "Acredite-me Wüllensdorf, não dá para ficarmos sem as 'construções auxiliares'". Com isso ele quis dizer que na vida precisamos nos alegrar com as pequenas coisas. (N.T.)

[3] Em um nível inferior, Wilhelm Busch diz a mesma coisa, em seu livro *Fromme Helene* (A devota Helena): "Quem tem preocupações, também tem licor." (N.A.)

[4] Voltaire (seu nome verdadeiro é François Marie Arouet) (1694-1778) foi um filósofo e escritor francês. Em seu romance "*Candide — ou l'optimisme*" (Cândido ou o otimismo) o autor defende a vida simples. Depois de levar seu personagem a longas viagens, em que este passa por decepções e más experiências, o autor termina a história com o preceito "devemos cultivar nosso jardim".(N.T.)

A pergunta pela finalidade da vida humana foi feita inúmeras vezes, e nunca obteve uma resposta satisfatória. Talvez ela nem admita uma resposta. Alguns pesquisadores acrescentaram: "Se for constatado que a vida não tem finalidade, ela perderá todo valor." Mas essa ameaça não muda nada. Parece-nos que na verdade temos o direito de rejeitar a pergunta. Seu pressuposto nos lembra aquela presunção humana, da qual já conhecemos tantos outros exemplos. Não se fala de uma finalidade da vida dos animais, quando ela não consiste em servir o homem. Mas isso também não se sustenta, pois com muitos animais o homem nem sabe o que fazer — a não ser descrevê-los, classificá-los, estudá-los — e inúmeros animais também foram excluídos disso, na medida em que viveram e se extinguiram antes do ser humano tê-los conhecido. Novamente é apenas a religião que sabe responder à pergunta por uma finalidade da vida. Não estaremos errando se dissermos que a ideia de uma finalidade da vida insere-se no sistema religioso e faz parte dele.

Por isso vamos nos dedicar a uma pergunta mais despretensiosa: o que as pessoas revelam, em seu comportamento, como sendo a finalidade e o propósito das suas vidas, o que exigem das suas vidas, o que querem alcançar nelas? A resposta não nos deixa errar: elas buscam a felicidade, querem ser felizes e permanecer assim. Essa busca possui dois lados, uma meta positiva e outra negativa; por um lado elas querem a ausência da dor e do desprazer, por outro a vivência de fortes sentimentos prazerosos. No sentido mais estrito da palavra, a "felicidade" refere-se apenas a esta última. Correspondendo a essa divisão em duas metas, a atividade do homem desdobra-se em duas direções, conforme a sua tentativa de concretizar uma ou outra dessas metas, de forma preferencial ou até exclusiva.

Como podemos notar, o que determina a finalidade da vida é simplesmente o programa do princípio do prazer. Esse princípio rege o desempenho do aparelho psíquico desde o início; não pode haver dúvida quanto à sua eficácia, mesmo assim seu programa está em conflito com o mundo inteiro, com o macrocosmo e também com o microcosmo. Ele é totalmente inexequível, todas as instituições do universo lhe são contrárias; podemos até dizer que o propósito do homem de ser "feliz" não faz parte do plano da "criação". O que chamamos de felicidade, no sentido mais estrito da palavra, tem origem na satisfação momentânea de necessidades muito reprimidas, e de acordo com sua natureza, somente possível como um fenômeno episódico. Toda continuidade de uma situação desejada pelo princípio do prazer produz apenas um cálido sentimento de bem-estar; somos feitos de modo a conseguirmos desfrutar intensamente apenas dos contrastes, e muito pouco do estado em si.[5] Com

---

[5] Goethe até nos diz: "Nada é mais difícil de suportar do que uma sequência de dias bonitos". De qualquer modo, isso é até um exagero. (N.A.)

isso a nossa constituição já limita nossas possibilidades de felicidade. Muito menos dificuldades apresenta-nos a experiência do desprazer. O sofrimento nos ameaça de três lados: primeiro, a partir do próprio corpo, que, destinado à decadência e à dissolução, não pode prescindir nem mesmo da dor e do medo como sinais de advertência; segundo, do mundo externo, que, com forças poderosas, inexoráveis e destruidoras, pode se enfurecer contra nós; e finalmente, em terceiro lugar, a partir dos relacionamentos com outras pessoas. Para nós, o sofrimento que provém dessa última fonte é muito mais doloroso do que qualquer outro. Apesar de ser tão inevitável em nosso destino quanto o sofrimento de qualquer outra origem, tendemos a considerá-lo um acessório, de certo modo supérfluo.

Não é surpreendente quando, sob a pressão dessas possibilidades de sofrimento, as pessoas costumam moderar suas pretensões de felicidade, como também que, sob a influência do mundo exterior, o próprio princípio de prazer transforme-se num princípio de realidade mais moderado, quando já nos consideramos felizes, livres da infelicidade, tendo superado o sofrimento; a tarefa de evitar o sofrimento empurra a um segundo plano a de obtenção do prazer. A reflexão nos ensina que podemos realizar essa tarefa por caminhos muito diferentes, todos eles recomendados pelas diversas escolas de sabedoria, e já percorridos por muitas pessoas. A satisfação ilimitada de todas as necessidades assume a dianteira, como a forma mais atraente de condução da vida; mas isso significa colocar a fruição à frente da prudência, o que, depois de uma breve prática, sempre resulta numa punição. Os outros métodos, nos quais o principal propósito é evitar o desprazer, dividem-se de acordo com a fonte de desprazer à qual dedicam mais atenção. No caso, os procedimentos podem ser extremos ou moderados, unilaterais, ou visarem muitos pontos ao mesmo tempo. O isolamento voluntário, o afastamento das pessoas, é a proteção mais fácil contra o sofrimento que pode surgir decorrente da dificuldade nos relacionamentos humanos. Entenda-se: a felicidade que podemos alcançar por esse caminho é a tranquilidade. Não podemos nos defender do temido mundo exterior a não ser por meio de algum tipo de distanciamento, quando a nossa intenção é cumprir essa tarefa sozinhos. Naturalmente existe outro caminho melhor, no qual, como membros da comunidade humana e com a ajuda da técnica produzida pela ciência, passamos a interferir na natureza e a submetê-la à vontade humana. Então trabalhamos em conjunto com todos para a felicidade de todos. Porém os métodos mais interessantes de prevenção do sofrimento são os que tentam interferir no próprio organismo. Afinal, todo sofrimento é apenas presunção, ele só existe na medida em que nós o sentimos, e nós o sentimos só em função de determinadas condições de nosso organismo.

O método mais brutal porém mais eficaz desse tipo de interferência é o químico, a intoxicação.

Não acredito que alguém consiga enxergar através do seu corpo, mas existem de fato substâncias alheias ao organismo cuja presença no sangue e nos tecidos nos proporcionam sensações diretas de prazer, e modificam tão intensamente as condições da nossa vida sensível, que até nos impedem de assimilar emoções desagradáveis. Os dois efeitos não só ocorrem ao mesmo tempo, eles também parecem estreitamente vinculados. Mas na nossa própria constituição química também devem existir substâncias que desempenham o mesmo papel, pois conhecemos pelo menos um estado patológico, a mania, no qual ocorre um comportamento semelhante à euforia provocada pelas drogas, sem que alguma substância entorpecente seja introduzida no corpo. Além disso, nossa vida psíquica normal costuma apresentar oscilações na maior ou menor capacidade de sentir prazer, paralelamente a uma reduzida ou aumentada receptividade ao desprazer. É lamentável que até agora esse lado tóxico dos processos psíquicos não tenha sido levado em conta pela pesquisa científica. A atuação dos entorpecentes na luta pela felicidade e pela anulação do sofrimento é tão valorizada, como benefício, que tanto indivíduos quanto povos garantiram a eles um espaço permanente na economia de suas libidos.[6]

---

[6] Para Freud, a libido é a energia do impulso sexual que busca a sua satisfação. A economia da libido representa um processo psíquico sob o aspecto da organização das condições de elaboração e descarga da energia dessa libido. O termo "economia" vem do grego "*oikos*" (casa) e

Deve-se a eles não apenas ganhos imediatos em prazer, mas também uma fatia da intensamente desejada independência do mundo externo. Sabe-se que com a ajuda desses "supressores de preocupações", pode-se evitar a pressão da realidade e encontrar refúgio num mundo próprio, com melhores condições emocionais. Sabe-se também que justamente essa característica dos entorpecentes é a causa do risco e do prejuízo que provocam. Em certas circunstâncias, eles são culpados pela perda de grandes montantes de energia, que poderiam ser utilizados para o aperfeiçoamento do destino humano.

Porém a complicada construção do nosso aparelho psíquico[7] possibilita também toda uma série de outras interferências. Assim como a satisfação dos impulsos representa a felicidade, também é a causa de grandes sofrimentos, quando o mundo

---

"*nomos*" (lei, decreto) e significa, entre outros, a organização de uma casa (economia doméstica) a contenção e redução de gastos em geral, e a organização e administração de elementos num todo. Outros sinônimos de economia seriam "parcimônia" e "poupança". (N.T.)

[7] Segundo Freud, o aparelho psíquico (ou aparato anímico) é uma estrutura que serve para organizar e operar a atividade psíquica, e sua função é dominar, organizar e elaborar os diversos estímulos internos e externos. Diversas instâncias fazem parte dessa estrutura. Na sua assim chamada primeira tópica, Freud distingue os sistemas "pré-consciência", "inconsciência" e "consciência". A partir de 1920 Freud começou a trabalhar com a sua segunda tópica, um modelo estrutural dividido em "ego", "superego" e "Id". O superego é a instância que observa, julga e pune. O Id é a parte obscura, inacessível da personalidade, com uma energia proveniente das pulsões, e o ego representa o que podemos chamar de razão e senso comum. (N.T.)

externo nos nega a satisfação de nossas necessidades. Portanto, podemos ter a esperança de nos ver livres de uma parte do sofrimento, com a atuação sobre esses impulsos. Esse tipo de defesa contra o sofrimento não interfere mais no aparato sensível, ele busca dominar as fontes interiores das necessidades. Isso ocorre de uma forma extrema quando eliminamos os impulsos, como nos é ensinado pela sabedoria oriental e concretizado pela prática da ioga. Quando somos bem sucedidos, naturalmente também renunciamos a todas as outras atividades (sacrificando a vida), e conquistamos novamente, por outros caminhos, apenas a felicidade da tranquilidade. Seguimos o mesmo caminho quando, com metas mais modestas, buscamos apenas o domínio dos impulsos. Então o que predomina são as instâncias psíquicas superiores, que se submeteram ao princípio de realidade. Nesse caso não se renuncia, de modo algum, ao propósito da satisfação; obtém-se uma certa proteção contra o sofrimento, pois a não satisfação dos impulsos reprimidos não é sentida tão dolorosamente quanto a dos não reprimidos. Por outro lado, ocorre uma inegável redução das possibilidades de fruição. O sentimento de felicidade com a satisfação de um impulso selvagem forte, não dominado pelo ego, é incomparavelmente mais intenso do que com a satisfação de um impulso dominado. A incapacidade de resistir aos impulsos perversos, talvez a atração do proibido em geral, encontra neste caso uma explicação mais econômica.

Outra técnica de defesa contra o sofrimento utiliza os deslocamentos da libido,[8] permitidos pelo aparelho psíquico, e pelos quais sua função ganha em flexibilidade. Isso consiste em deslocar as metas dos impulsos, de tal modo que não poderão ser atingidos pelas frustrações provenientes do mundo externo. A sublimação[9] dos impulsos é uma boa ajuda para isso. Alcançamos o melhor quando conseguimos aumentar bastante nosso ganho em prazer, quando ele é proveniente das fontes do trabalho psíquico e intelectual. Então, a interferência do destino será bastante reduzida. As satisfações desse tipo, como a alegria do artista ao criar, ao materializar o produto da sua imaginação, ou a alegria do pesquisador ao solucionar problemas e identificar a verdade, possuem uma qualidade especial que certamente um dia poderemos caracterizar de forma metapsicológica.[10] Atualmente podemos apenas dizer, metaforicamente, que elas nos parecem "mais sutis e elevadas" mas, em comparação com a satisfação dos impulsos mais grosseiros, primários, a sua intensidade é abafada;

---

[8] O deslocamento da libido ocorre quando esta muda a sua forma de satisfação e o seu objeto. (N.T.)

[9] Freud afirma que a atividade artística e intelectual, entre outras, deriva da sublimação do impulso sexual. A sublimação é a conversão de objetivos e finalidades sexuais em objetivos e finalidades não sexuais. (N.T.)

[10] A metapsicologia visa o "esclarecimento e aprofundamento das hipóteses teóricas que podem ser utilizadas como base de um sistema psicanalítico". *Metapsychologische Ergänzung zur Traumlehre* (Complementação metapsicológica ao estudo dos sonhos), 1915, GW (*Obras Completas*) volume X. (N.T.)

elas não nos abalam fisicamente. O ponto fraco desse método é que ele não pode ser utilizado de forma generalizada, e só é acessível a poucas pessoas. Numa medida de eficácia razoável, ele pressupõe dons e aptidões especiais não exatamente frequentes. Mesmo para esses poucos, o método não pode garantir uma proteção completa contra o sofrimento, não lhes oferece um escudo impenetrável contra as flechadas do destino, e costuma falhar quando o próprio corpo se torna a fonte do sofrimento.[11] Quando, já nesses procedimentos, torna-se claro que a pessoa tem o propósito de se tornar independente do mundo exterior, ao procurar a satisfação nos processos internos, psíquicos, os mesmos sinais se apresentam com

---

[11] Quando uma predisposição especial não indica de forma imperiosa a direção dos interesses na vida, a atividade profissional comum, acessível a qualquer pessoa, pode ocupar o lugar destinado a ela, como sugerido por Voltaire em seu sábio conselho. Não é possível avaliar-se suficientemente o significado do trabalho para a economia da libido, no âmbito de um panorama restrito. Nenhuma outra técnica de condução da vida liga o indivíduo com tanta firmeza à realidade do que a ênfase no trabalho, que pelo menos seguramente o insere num pedaço de realidade, na comunidade humana. A possibilidade de desviar uma grande quantidade de componentes libidinais, narcísicos, agressivos e até eróticos para o trabalho profissional e os relacionamentos humanos ligados a ele, confere-lhe um valor que não fica atrás da necessidade de afirmação e de justificativa da existência na sociedade. A atividade profissional proporciona uma satisfação especial quando é escolhida livremente, portanto, quando permite que inclinações existentes, impulsos levados adiante ou fortalecidos constitucionalmente, tornem-se úteis por meio da sublimação. Mesmo assim, o trabalho como um caminho para a felicidade é pouco valorizado pelo ser humano. Não nos apegamos a ele tanto quanto a outras possibilidades de satisfação. A grande maioria dos seres humanos só trabalha forçada pela necessidade, e dessa natural rejeição pelo trabalho é que se originam os mais graves problemas sociais. (N.A.)

muito mais força no que veremos a seguir. Nesse caso a relação com a realidade é mais frágil ainda, a satisfação é obtida a partir de ilusões que a pessoa até reconhece como tais; mesmo assim, nessa sua fruição ela não se deixa perturbar por esse afastamento da realidade. O âmbito do qual essas ilusões procedem é o da fantasia. No momento em que o senso de realidade se desenvolveu, esse âmbito da fantasia não passou pelas exigências do teste de realidade e permaneceu destinado à satisfação de desejos dificilmente concretizáveis. Dentre essas satisfações da fantasia está sobretudo a fruição de obras de arte, que se torna acessível aos que não as criam, mas podem dispor da intermediação do artista.[12] Para aquele que é receptivo à influência da arte, o seu valor, como fonte de prazer e consolo na vida, jamais será elevado demais. Mas o brando entorpecimento que a arte nos proporciona, não nos traz nada além de uma fuga transitória das dificuldades da vida, e não é forte o bastante para nos fazer esquecer a miséria real.

Existe outro processo mais enérgico e profundo que vê na realidade a sua única inimiga, considerando-a a fonte de todo sofrimento; por isso, não há convivência possível com essa realidade, e caso se queira ser feliz, em algum sentido, deve-se romper

---

[12] Veja *Formulierungen über die zwei Prinzipien des psychischen Geschehens* (Formulações sobre os dois princípios dos processos psíquicos), 1911 (*Obras completas*, vol. VI) e *Vorlesungen zur Einführung in die Psychoanalyse* (Conferências de introdução à psicanálise) 1917, XXIII (*Obras completas*, vol. VII). (N.A.)

todas as relações com ela. O eremita vira as costas para este mundo, ele não quer ter nada a ver com ele. Porém podemos fazer mais, podemos mudá-lo, tentar construir outro, no qual todos os traços mais insuportáveis seriam eliminados e substituídos por outros, mais de acordo com nossos próprios desejos. Aquele que, numa indignação desesperada, escolher esse caminho para a felicidade, via de regra não alcançará nada; a realidade é forte demais para ele. Ele se torna um louco, que geralmente não encontra quem o ajude na implementação da sua loucura. Mas dizem que, em algum ponto, cada um de nós comporta-se de maneira semelhante aos paranoicos,[13] corrigindo, conforme seu desejo, uma faceta do mundo que lhe é insuportável e introduzindo essa loucura na realidade. É especialmente significativo quando uma grande quantidade de pessoas tenta criar uma garantia de felicidade e uma proteção contra o sofrimento, por meio de uma mudança insana da realidade. Esse tipo de loucura de massas pode ser uma característica também das religiões da humanidade. Naturalmente essa loucura nunca é identificada por aquele que está envolvido nela.

Não creio que essa enumeração dos métodos usados pelas pessoas no esforço pela conquista da

---

[13] A paranoia é um distúrbio psíquico que provoca, em seu portador, pensamentos ilusórios ou delírios, geralmente ligados a uma mania de perseguição. Outras manias podem ser a megalomania, os delírios eróticos, os trantornos bipolares, etc. (N.T.)

felicidade e do afastamento do sofrimento esteja completa, pois sei que essa matéria ainda admite outras formas de ordenação. Um desses procedimentos eu ainda não apresentei, não porque tenha me esquecido dele, mas porque será tratado em outro contexto. Afinal, como seria possível nos esquecermos justamente dessa técnica da arte de viver! Ela se distingue por uma estranha combinação de traços das mais diversas características. Naturalmente ela também visa uma independência do destino — essa é a melhor forma de caracterizá-la — e nesse propósito transfere a satisfação aos processos psíquicos internos, serve-se para isso da acima mencionada flexibilidade da libido, mas não se afasta do mundo exterior, pelo contrário, apega-se aos seus objetos e obtém a felicidade a partir de uma relação afetiva com eles. Mas com isso, essa técnica não se satisfaz apenas com aquele objetivo permeado de resignação e cansaço na tentativa de evitar o desprazer, porém passa por ele sem lhe dar atenção e se apega à busca original, apaixonada, pela realização positiva da felicidade. Talvez esse método, mais do que qualquer outro, aproxime-se de fato desse último objetivo. Naturalmente eu me refiro àquela visão de vida que considera o amor o seu foco principal, e espera obter toda satisfação da condição de amar e ser amado. Esse posicionamento psíquico é familiar a todos nós; uma das formas de manifestação do amor, o amor sexual, proporcionou-nos a mais intensa experiência de uma abrangente sensação de prazer, e assim nos deu um modelo para nossa luta pela felicidade. O que é mais natural do que insistirmos em buscar a felicidade pelo mesmo caminho no qual a encontramos pela primeira vez? O lado fraco dessa técnica de vida surge claramente; senão, ninguém teria tido a ideia de abandonar esse caminho e trilhar outro. Nunca ficamos tão desprotegidos contra o sofrimento como quando amamos, nunca tão desamparadamente infelizes como quando perdemos o objeto amado ou o seu amor. Mas a técnica de vida baseada no valor da felicidade amorosa não se esgota com isso, há muito mais a ser dito sobre esse assunto.

Podemos acrescentar o interessante caso em que a felicidade na vida é buscada principalmente na fruição da beleza, sempre que ela se expõe aos nossos sentidos e nossa avaliação, nas formas e nos gestos humanos, nos objetos e paisagens da natureza, nas criações artísticas e até mesmo científicas. Essa postura estética como objetivo de vida oferece pouca proteção contra a ameaça do sofrimento, mas pode compensar muitas coisas. A fruição da beleza se reveste de um caráter sensibilizador especial, levemente inebriante. Porém não é evidente que a beleza tenha uma utilidade específica, não se reconhece nela uma necessidade cultural. A ciência da estética pesquisa as condições sob as quais temos a percepção do belo; mas ela não foi capaz de nos fornecer uma explicação sobre a natureza e a origem da beleza. Como de costume, a falta de resultados é mascarada por uma abundância de palavras pomposas e pobres de conteúdo. Infelizmente a psicanálise também tem pouco a dizer sobre a beleza. Apenas a dedução a partir do âmbito da percepção sexual parece certa; seria o melhor exemplo de um impulso cuja finalidade foi inibida. Originalmente a "beleza" e a "atração" são propriedades do objeto sexual. Vale a pena observarmos que as próprias genitálias, cuja visão sempre tem um efeito excitante, quase nunca são consideradas belas, por outro lado o caráter da beleza parece estar ligado a determinados sinais sexuais secundários.

Apesar de nossa pesquisa ainda estar incompleta, atrevo-me a fazer algumas observações, como conclusão. O princípio do prazer nos impele à felicidade, mas esse plano nem sempre pode ser concretizado. Porém não nos é permitido — não, não podemos — abandonar os esforços de nos aproximarmos, de algum modo, da sua realização. Podemos trilhar caminhos muito diferentes para isso, priorizando o conteúdo positivo do objetivo, ou seja, a obtenção do prazer, ou o negativo, evitando o desprazer. Por nenhum desses caminhos podemos alcançar tudo o que ambicionamos. A felicidade, naquele sentido mais moderado em que é admitida como possível, é um problema da economia individual da libido. Nesse caso não existe conselho que sirva para todos, cada um precisa fazer suas próprias tentativas para saber qual a sua maneira específica de ser feliz. Os mais diversos fatores atuarão para indicar os caminhos que cada um poderá escolher. Isso dependerá de quanta satisfação real o indivíduo poderá esperar do mundo exterior, e até onde ele está disposto a se tornar independente dele; e finalmente, de quanta força ele pensa dispor para modificá-lo segundo a sua vontade. Além das condições externas, a constituição psíquica do indivíduo também será determinante nesse processo. O ser humano predominantemente erótico colocará as relações afetivas com outras pessoas em primeiro lugar, o narcisista autossuficiente buscará as satisfações mais importantes em seus processos psíquicos interiores, e o ser humano de ação não se afastará do mundo exterior, no qual pode testar sua força. Para o segundo desses tipos, os seus dons específicos e a medida de sublimação dos impulsos de que é capaz serão determinantes para o direcionamento de seus interesses. Toda decisão extrema será penalizada pela exposição do indivíduo aos riscos que a insuficiência de uma técnica de vida excludente, escolhida por ele, pode trazer consigo. Assim como o prudente comerciante evita aplicar todo o seu capital em um único lugar, talvez também a sabedoria nos aconselhe a não esperar obter toda a satisfação a partir de um único esforço. O sucesso nunca é certo, ele depende da conjunção de muitos fatores, e talvez de nenhum mais do que da capacidade de adaptar a função da constituição psíquica ao mundo em volta, e de aproveitar esse mundo para a obtenção do prazer. Aquele que, ao nascer, trouxe consigo uma constituição libidinal de pulsões especialmente desfavorável e não realizou regularmente um trabalho de transformação e reordenação dos componentes da sua libido, imprescindível para um bom desempenho posterior, terá dificuldades em obter felicidade a partir de uma situação externa, sobretudo quando colocado diante de tarefas difíceis. Como última técnica de vida, que pelo menos lhe promete satisfações substitutivas, ele dispõe da fuga à neurose, que geralmente já desenvolveu na juventude. Aquele que então, na sua vida posterior, vê malogrados seus esforços pela obtenção da felicidade, ainda poderá encontrar consolo na conquista do prazer pela intoxicação crônica, ou empreender a desesperada tentativa de revolta, representada pela psicose.[14]

A religião prejudica esse jogo de escolha e adaptação quando impõe a todos, da mesma forma, o seu caminho à conquista da felicidade e à proteção contra o sofrimento. Sua técnica consiste em reduzir o valor da vida e deturpar ilusoriamente a imagem do mundo real, o que tem como pressuposto a intimidação da inteligência. Por esse preço, ou seja, a violenta fixação de um infantilismo psíquico e o envolvimento numa loucura de massas, a religião consegue evitar a neurose individual de muitas pessoas. Porém, pouco mais do que isso. Como já

---

[14] Sinto-me obrigado a pelo menos indicar uma das lacunas que permaneceram na descrição acima. Numa visão geral sobre as possibilidades humanas de obtenção da felicidade, não deveríamos deixar de levar em conta a relação do narcisismo com a libido objetiva. Devemos saber o que significa para a economia da libido, quando a pessoa está essencialmente por sua própria conta. (N.A.)

dissemos, há muitos caminhos que podem conduzir o ser humano à felicidade possível, mas nenhum que leve a ela com absoluta certeza. Também a religião não consegue manter a sua promessa. Quando o devoto finalmente acha que precisa falar da "insondável determinação" de Deus, ele confessa que lhe resta apenas a submissão incondicional, como última possibilidade de consolo e fonte de prazer no sofrimento. E se finalmente ele estiver disposto a aceitar essa submissão, provavelmente terá poupado todo o esforço de percorrer um longo desvio.

capítulo III

Até agora nossa exploração do tema da pesquisa sobre a felicidade não nos ensinou muita coisa além do que já não é amplamente conhecido. Mesmo se lhe dermos sequência, perguntando por que é tão difícil para as pessoas sentirem-se felizes, a perspectiva de aprender algo novo não é muito maior. Já demos a resposta, quando indicamos as três fontes do nosso sofrimento: a supremacia da natureza, a caducidade do nosso corpo, e a insuficiência das organizações que regulam os relacionamentos das pessoas entre si, nas famílias, no Estado e na sociedade. No que se refere às duas primeiras, não podemos hesitar muito ao dar uma opinião; somos obrigados a aceitar essas fontes de sofrimento, e nos resignarmos com o inevitável. Nunca conseguiremos dominar completamente a natureza; o nosso organismo, ele mesmo uma parte dessa natureza, permanecerá sempre como uma estrutura transitória, limitada em sua adaptação e em seu desempenho. O reconhecimento disso não resulta em nenhum efeito paralisante, pelo contrário, ele nos indica a direção que devemos tomar para as nossas ações. Mesmo que não consigamos eliminar todos os nossos sofrimentos, podemos eliminar alguns e atenuar outros — uma experiência de milênios nos convenceu disso. Nosso comportamento em relação à terceira fonte de sofrimento, a social, é bem diferente. Não queremos admiti-la, não conseguimos ver por que as organizações que criamos não podem dar mais proteção e benefícios a todos nós. Quando percebemos o quanto fracassamos justamente na criação dessa proteção contra o sofrimento, vem-nos à mente a suspeita de que talvez, por trás disso, também exista uma parcela de natureza indomável, dessa vez, a nossa própria natureza psíquica.

No caminho da análise dessa possibilidade, nós nos deparamos com uma afirmação tão espantosa, que vale a pena nos estendermos mais a esse respeito. Nela se diz que grande parte da culpa pela nossa desgraça cabe à nossa assim chamada civilização; seríamos bem mais felizes se renunciássemos a ela e voltássemos às condições mais primitivas. Digo que essa afirmação é espantosa porque — da forma como costumamos definir o conceito de civilização — é certo que tudo que usamos para nos proteger da ameaça das fontes de sofrimento faz parte dessa mesma civilização.

Por que tantas pessoas chegaram a esse ponto, de uma tão surpreendente hostilidade contra a civilização? Penso que uma longa e profunda insatisfação com a respectiva situação da civilização produziu a base sobre a qual surgiu essa condenação, sempre a partir de determinadas ocasiões históricas. Creio reconhecer a última e penúltima dessas ocasiões; porém não sou erudito o suficiente a ponto de conhecer a sua sequência ao longo de toda a história da espécie humana, desde um passado bem remoto. Já na vitória do cristianismo sobre as religiões pagãs, deve ter ocorrido algo como uma hostilidade à civilização. A desvalorização da vida terrena pela doutrina cristã poderia estar ligada a isso. A penúltima ocasião surgiu com o progresso representado pelas viagens dos descobrimentos, quando as pessoas entraram em contato com povos e tribos primitivas. Por causa da observação superficial e a compreensão equivocada dos hábitos e costumes desses povos e dessas tribos, os europeus tiveram a impressão de que eles tinham uma vida feliz, simples e com poucas exigências, algo inalcançável para os visitantes culturalmente superiores. A experiência posterior nos mostrou que muitas ideias desse tipo estavam equivocadas; em muitos casos, uma certa medida de facilitação da vida foi atribuída à ausência de exigências culturais complicadas, mas na verdade ela era devida à generosidade da natureza e à comodidade na satisfação das grandes necessidades. A última ocasião nos é especialmente familiar; ela surgiu quando passamos a conhecer o mecanismo das neuroses, que ameaçam enterrar aquele pouquinho de felicidade do ser humano civilizado. Descobrimos que o ser humano torna-se neurótico porque não suporta as renúncias que a sociedade lhe impõe para manter seus ideais culturais, e a partir disso concluímos que poderia haver um retorno à possibilidade de felicidade, caso essas imposições fossem eliminadas ou muito reduzidas.

Soma-se a isso outro fator de decepção. Durante as últimas gerações os seres humanos fizeram extraordinários progressos nas ciências naturais e na sua aplicação técnica, e consolidaram seu domínio sobre a natureza de uma forma anteriormente inimaginável. Os detalhes desse progresso são amplamente conhecidos, seria supérfluo enumerá-los. As pessoas orgulham-se dessas conquistas e fazem jus a isso. Mas parecem ter percebido que essa recém conquistada disponibilidade sobre o tempo e o espaço, essa subjugação das forças da natureza, que era um anseio antigo, milenar, não elevou a medida do prazer que esperavam da vida, ou seja, de acordo com as suas percepções, não os tornou mais felizes. A partir dessa constatação deveríamos nos conformar, e concluir que o poder sobre a natureza não é a única condição para a felicidade humana, assim como não é o único objetivo dos esforços civilizatórios; mas não devemos deduzir disso que os progressos técnicos não têm valor algum para a economia de nossa felicidade. Perguntamos se não seria um ganho de prazer bastante positivo, um acréscimo inequívoco de felicidade, se conseguíssemos ouvir, sempre que quiséssemos, a voz de um filho que vive a centenas de quilômetros de distância de nós; e também saber, no menor tempo possível após o desembarque de um amigo, que ele superou a sua longa e difícil viagem e está bem? Será que não significa nada, o fato da medicina ter conseguido reduzir tão extraordinariamente a mortalidade infantil, o risco de infecções nos partos das mulheres, e ainda mais, prolongar o tempo médio de vida do ser humano civilizado em um número considerável de anos? Podemos apresentar ainda toda uma longa série desses benefícios, que devemos à tão caluniada era dos progressos científicos e técnicos — mas, ao mesmo tempo, podemos captar a voz da crítica pessimista, advertindo que a maioria dessas satisfações segue o padrão daquele "prazer barato", louvado numa certa anedota. Conseguimos obter esse prazer quando, numa fria noite de inverno, uma de nossas pernas, nua, escorrega para fora da coberta e depois a puxamos de novo para dentro. Se não existissem ferrovias que vencessem grandes distâncias, nosso filho nunca teria abandonado a cidade natal, e não precisaríamos de um telefone para ouvir a sua voz. Se não tivessem criado o transporte naval que cruza o oceano, nosso amigo não teria feito a viagem marítima, e não precisaríamos do telégrafo para acalmar nossa preocupação com ele. Para que nos serve a redução da mortalidade infantil, se justamente isso nos obriga à mais extrema contenção na geração de bebês, para não criar um número maior de filhos do que nos tempos anteriores ao domínio da higiene? Mas será que assim não estaremos colocando nossa vida sexual conjugal em condições difíceis, e provavelmente trabalhando contra a seleção natural, tão benéfica? E por que afinal queremos uma vida mais longa, se ela é tão difícil, com tão poucas alegrias e tanto sofrimento, a ponto de até considerarmos a morte bem-vinda, como se fosse uma redentora?

Parece certo que não nos sentimos bem na nossa civilização atual, mas é muito difícil imaginarmos se, e em que medida, as pessoas de antigamente sentiam-se mais felizes do que nós, e como suas condições culturais contribuíram para isso. Sempre teremos a tendência de considerar a desgraça objetivamente, isto é, de nos colocarmos naquelas condições culturais, com todas as nossas exigências e suscetibilidades, para verificar quais seriam os motivos para as sensações de felicidade e infelicidade que poderíamos encontrar nelas. Essa forma de consideração, que parece objetiva porque não leva em conta as variações da sensibilidade subjetiva, naturalmente é a mais subjetiva possível, na medida em que insere nossa própria condição no lugar de todas as outras concepções psíquicas desconhecidas. Mas a felicidade é algo essencialmente subjetivo. Por mais que fiquemos horrorizados, ainda podemos nos assustar diante de determinadas situações do passado, como os antigos escravos das galés, os camponeses da Guerra dos Trinta Anos, as vítimas da Santa Inquisição, o judeu que enfrenta o pogrom;[1] mesmo assim é impossível para nós sentirmos o que essas pessoas sentiram, adivinhar as alterações na predisposição às sensações de prazer e desprazer causadas pelo

---

[1] Pogrom é uma palavra russa que significa "causar estragos, destruição violenta, devastação". Geralmente é usada para designar ataques espontâneos ou premeditados a grupos populacionais, étnicos ou religiosos, e são realizados principalmente contra os judeus. (N.T.)

embotamento primitivo, pela gradual perda de sensibilidade, pelo fim das expectativas, pelas formas mais grosseiras ou refinadas de entorpecimento. Determinados mecanismos de proteção psíquica também entram em ação no caso de sofrimento extremo. Mas não me parece proveitoso seguir adiante com esse aspecto do problema.

Já é tempo de nos preocuparmos com a essência dessa civilização, cujo valor para a felicidade é colocado em dúvida. Não vamos exigir nenhuma fórmula que possa expressar essa essência em poucas palavras, antes mesmo de termos descoberto alguma coisa a partir da pesquisa. Portanto, basta-nos repetir[2] que a palavra "civilização" define toda a somatória de realizações e instituições que distingue a nossa vida daquela de nossos ancestrais do reino animal, e que serve a dois objetivos: à proteção do ser humano contra a natureza, e à regulamentação dos relacionamentos das pessoas entre si. Para entendermos isso melhor, vamos reunir as características da civilização em cada caso individual, tal como se apresentam nas comunidades humanas. Para esse fim, e sem receio, vamos nos deixar conduzir pelo uso da linguagem, ou, como também se diz, pela percepção da linguagem, acreditando que assim faremos jus a percepções internas ainda não passíveis de uma expressão em palavras abstratas.

---

[2] Veja: *O futuro de uma ilusão*, 1927. (N.A.)

O início é fácil: reconhecemos como culturais todas as atividades e valores que servem ao ser humano, na medida em que tornam a Terra útil para ele, protegem-no da violência das forças da natureza, e coisas desse tipo. Esse é o aspecto da civilização que menos suscita dúvidas. Ao voltarmos no tempo, veremos que as primeiras ações culturais foram o uso de ferramentas, o domínio do fogo e a construção de moradias. Dentre essas ações, o domínio do fogo destaca-se como um feito extraordinário, sem precedentes,[3] e quanto às outras, o ser humano escolheu caminhos que desde então

---

[3] Um material psicanalítico incompleto, não passível de interpretação segura, pelo menos nos oferece uma suposição — que soa fantástica — sobre a origem desse enorme feito humano. Parece que, ao encontrar o fogo, o homem primitivo costumava satisfazer uma vontade infantil quando o apagava com o jato da sua urina. De acordo com antigas lendas, não existem dúvidas sobre a primitiva concepção fálica das chamas que lançam suas labaredas ao alto. Apagar o fogo com a urina — método usado posteriormente pelos gigantes Gulliver em Liliput e Gargantua de Rabelais — era, portanto, semelhante a um ato sexual com um homem, um gozo da potência masculina numa competição homossexual. Aquele que renunciasse primeiro a esse prazer, que poupasse o fogo, poderia levá-lo consigo e colocá-lo a seu serviço. Pelo fato de abafar o fogo de sua própria excitação sexual, o homem conseguia domar a força natural do fogo. Portanto, essa grande conquista cultural seria a recompensa pela renúncia a um impulso. E mais, era como se tivessem escolhido a mulher para ser a guardiã do fogo preso no fogão doméstico, porque sua estrutura anatômica a impedia de realizar aquele tipo de experiência prazerosa. Vale a pena também comentar a frequência com que as experiências analíticas atestam a relação entre ambição, fogo e erotismo ligados ao ato de urinar. (N.A.)

Os gigantes Gulliver, em Liliput, e Gargântua, de Rabelais, citados pelo autor na nota acima, referem-se, no primeiro caso, ao famoso romance *As viagens de Gulliver* do escritor inglês Jonathan Swift (1667-1745) em que o personagem principal é um náufrago que chega ao país de Liliput, onde as pessoas são minúsculas. Com o jato de sua urina,

continuou percorrendo sempre, e cujo estímulo é fácil de se imaginar. Com todas essas ferramentas o ser humano aperfeiçoa seus órgãos — tanto os motores quanto os sensoriais — ou remove os obstáculos para o seu desempenho. Os órgãos motores colocam enormes forças à sua disposição, que, assim como seus músculos, ele pode direcionar para onde quiser. O navio e o avião não permitem que a água nem o ar impeçam seu avanço. Com os óculos o homem consegue corrigir as deficiências da sua visão, com a luneta ele consegue enxergar a grandes distâncias, com o microscópio ele supera as condições de sua visão, limitadas pela estrutura de sua retina. Com a câmera fotográfica ele criou um instrumento capaz de gravar as impressões fugazes do seu olhar; com o disco da vitrola ele faz o mesmo com as igualmente transitórias impressões sonoras, ambos basicamente materializações da sua capacidade de lembrar, ou seja, da sua memória. Com ajuda do telefone ele consegue ouvir de grandes distâncias, o que até mesmo um conto de fadas consideraria algo inalcançável. Originalmente a escrita é a linguagem do ausente, a casa é um substituto do útero materno, a primeira

---

Gulliver apaga um grande incêndio no palácio real. No segundo caso trata-se do romance *Gargântua*, do escritor francês François Rabelais (1494-1553). O personagem principal, cujo nome é o do título do livro, projeta um forte jato de urina nas pessoas que entram na catedral de Notre Dame em Paris para pegá-lo, depois que ele foge da perseguição delas pelas ruas da cidade e se esconde dentro da catedral. (N.T.)

e ainda desejada moradia, onde ele se sentia tão bem e seguro.

Isso tudo não apenas soa como um conto de fadas, mas é de fato a realização direta de todos os desejos dos contos de fadas, ou da maioria deles — quer dizer, tudo o que o ser humano produziu por meio da ciência e da técnica nesta Terra, em que ele chegou primeiro como um frágil animal e na qual cada indivíduo de sua espécie, por seu lado, precisa ingressar como um filhote indefeso — *oh, inch of nature!*[4] Ele pode considerar todo esse patrimônio como uma conquista cultural. Há muito tempo ele já havia imaginado uma representação ideal de onipotência e onisciência universais, que incorporou nos seus deuses. Atribuía-lhes tudo que parecia inalcançável a seus desejos — ou que lhe era proibido. Portanto, podemos dizer que esses deuses eram ideais de cultura. Atualmente o ser humano chegou bem perto de alcançar esse ideal, quase se tornando ele mesmo um deus. Mas isso, naturalmente, só do modo como os seres humanos alcançam seus ideais, de acordo com seus critérios habituais. Ou seja, não totalmente, de jeito nenhum em algumas partes, e em outras só até a metade. O ser humano tornou-se, por assim dizer, uma espécie de deus-prótese, até bem grandioso, o

---

[4] Palavras do dramaturgo inglês William Shakespeare (1564-1616) em sua obra *Péricles, príncipe de Tiro*: "*As fire, air, water, earth and heaven can make to herald thee from the womb. Poor inch of nature!*" (Como o fogo, o ar, a água, a terra e o céu podem fazer para anunciá-lo do útero. Pobre pequenez da natureza!) Per.III i.34. (N.T.)

que pode impressionar bastante quando adiciona todos os seus órgãos auxiliares, mas que não foram incorporados a ele, e ocasionalmente ainda lhe dão bastante trabalho. Além disso, ele tem o direito de se consolar com o fato de que esse desenvolvimento não estará concluído justamente no ano de 1930 AD.[5] Tempos futuros trarão consigo novos e grandes progressos, provavelmente até inimagináveis nesse âmbito da civilização, e a semelhança com Deus aumentará mais ainda. No interesse da nossa investigação, também não pretendemos esquecer que o ser humano de hoje não se sente feliz na sua semelhança com Deus.

Portanto, reconhecemos o elevado grau de cultura de um país quando vemos que ali se cultiva e se providencia, de forma cuidadosa e adequada, tudo que serve para o aproveitamento da terra pelo ser humano e para a sua proteção contra as forças da natureza; resumindo, tudo que lhe é útil. Num país como esse, os rios que ameaçam causar inundações teriam o seu curso retificado, suas águas seriam direcionadas, por meio de canais, para lugares onde são mais necessárias. O solo seria cuidadosamente cultivado e plantado com as culturas adequadas a ele, os tesouros minerais das profundezas seriam extraídos e utilizados na fabricação das ferramentas

---

[5] AD (Anno Domini) é uma expressão em latim que significa "ano do Senhor", ou seja, marca os anos seguintes ao ano 1 do calendário utilizado no Ocidente, designado como "Era Cristã" ou "Era Comum". Em português pode-se usar também d.C., que quer dizer "depois de Cristo". Freud menciona o ano de 1930, pois é o ano contemporâneo a este texto.

e equipamentos necessários. Os meios de transporte seriam abundantes, velozes e confiáveis, os animais selvagens e perigosos seriam exterminados, a criação de animais domésticos prosperaria. Entretanto, temos outras demandas a fazer à civilização, e esperamos de forma considerável encontrá-las satisfeitas nesses mesmos países. Como se negássemos nossa primeira exigência feita acima, saudamos como civilizado o fato das pessoas também se dedicarem a coisas não consideradas úteis, e até mesmo inúteis, por exemplo, quando as necessárias superfícies ajardinadas de uma cidade, usadas como áreas de lazer e reservas de ar puro, também contém canteiros de flores, ou quando as janelas das casas são enfeitadas com vasos floridos. Percebemos logo que o elemento inútil, que gostaríamos de ver valorizado pela cultura, é a beleza; exigimos que o ser humano civilizado honre a beleza, sempre que a encontrar na natureza, e a incorpore aos objetos até onde possa ser elaborada por suas mãos. Mas estamos longe de esgotar nossas demandas à cultura. Ainda exigimos ver os sinais de limpeza e ordem. Não podemos ter em alta consideração a civilidade de uma cidade da área rural inglesa nos tempos de Shakespeare, quando lemos em seus textos que havia um grande monte de esterco diante da porta da sua casa paterna em Stratford;[6]

---

[6] Stratford-upon-Avon é uma cidade da Inglaterra onde nasceu o dramaturgo inglês William Shakespeare (1564-1616), autor de famosas peças teatrais, entre as quais *Hamlet*, *Romeu e Julieta*, *Rei Lear*, e outras. (N.T.)

ficamos aborrecidos e chamamos de "bárbaro" — que é o oposto de civilizado — quando encontramos muitos papéis espalhados pelos caminhos do bosque de Viena, jogados ali pelas pessoas. A sujeira de todo tipo parece-nos incompatível com a civilização; estendemos a exigência de limpeza também ao corpo humano, ouvimos com espanto que o Rei Sol[7] costumava exalar um odor muito desagradável, e balançamos a cabeça quando nos mostram, na Isola Bella,[8] a minúscula bacia usada por Napoleão na sua higiene matinal. Sim, não nos surpreende quando alguém apresenta o uso do sabão como medida do grau de civilização. Da mesma forma isso ocorre com a ordem, que, assim como a limpeza, relaciona-se totalmente à obra humana. Porém, mesmo que não possamos esperar encontrar a limpeza na natureza, observamos a sua ordem e a imitamos; a observação das grandes regularidades astronômicas não deu ao ser humano apenas o modelo, mas também os primeiros pontos de referência para a introdução da ordem na sua vida. A ordem é uma espécie de necessidade de repetição, que, por meio de uma disposição única, singular, determina quando, onde, e como algo deve ser feito para que possamos deixar de ter dúvidas em cada caso idêntico. O benefício da

---

[7] Rei Sol, ou Roi Soleil, era o apelido do rei francês Luis XIV (1638-1715). (N.T.)

[8] Isola Bella é uma ilha no lago Maggiore, no norte da Itália, visitada por Napoleão Bonaparte antes da batalha de Marengo (1800) em que, com suas tropas francesas, expulsou os austríacos daquele país. (N.T.)

ordem é totalmente inegável, ela possibilita ao ser humano o melhor aproveitamento do espaço e do tempo, enquanto poupa suas energias psíquicas. Poderíamos esperar que a ordem se impusesse ao fazer humano desde o início e sem coações; mas nos espantamos que não seja esse o caso, que o ser humano na verdade demonstra muito mais uma tendência natural à negligência, à irregularidade, à irresponsabilidade e ao relaxamento no trabalho, e só com muito esforço se consiga educá-lo para que imite os modelos celestes.

Evidentemente beleza, limpeza e ordem têm uma posição especial entre as exigências da civilização. Ninguém afirmará que elas são tão importantes para a vida quanto a supremacia das forças da natureza e outros fatores que conhecemos, mesmo assim ninguém pretenderá colocá-las de lado, como se fossem insignificantes. O exemplo acima já nos mostra que não pensamos a civilização como apenas ligada à utilidade, que não queremos ver a beleza excluída de seus interesses. A utilidade da ordem é evidente; quanto à limpeza, devemos considerar que é exigida também pela higiene, e podemos supor que essa relação não era desconhecida do ser humano antes da ciência promover a proteção contra as doenças. Mas a utilidade não nos explica totalmente esse empenho; deve haver algo mais em jogo.

Nenhuma outra característica nos leva a identificar melhor a civilização do que a valorização e o cultivo das atividades psíquicas superiores, as realizações intelectuais, científicas e artísticas, o papel de liderança representado pelas ideias na vida dos seres humanos. Dentre essas ideias estão principalmente os sistemas religiosos, e — em outro local já tentei jogar uma luz sobre a sua complicada estrutura — ao lado deles as especulações filosóficas, e, finalmente, o que podemos chamar de criações ideais dos seres humanos, suas ideias de uma possível perfeição do ser humano, do povo, de toda humanidade, e os desafios que enfrentam em função dessas ideias. Como essas criações não são independentes entre si, porém fortemente entrelaçadas, isso dificulta sua descrição e também a verificação de sua derivação psicológica. Quando supomos, de modo geral, que a motivação de todas as atividades humanas é o esforço para alcançar os dois objetivos convergentes, a utilidade e o ganho de prazer, precisamos considerar a mesma coisa para as expressões culturais aqui apresentadas, e também o fato disso ser facilmente visível apenas para a atividade científica e artística. Mas não podemos duvidar que as outras atividades também correspondam a fortes necessidades dos seres humanos, talvez àquelas desenvolvidas apenas por um grupo reduzido de pessoas. Também não podemos nos deixar influenciar por juízos de valor sobre um ou outro desses sistemas religiosos e filosóficos, ou desses ideais; seja buscando neles a realização suprema do espírito humano, ou mesmo acusando-os de estarem equivocados, devemos reconhecer que sua existência, especialmente sua supremacia, representa um grau elevado de civilização.

Falta apresentarmos a última característica de uma civilização, também bastante importante — a maneira como são regulamentados os relacionamentos das pessoas entre si, as relações sociais que dizem respeito ao ser humano como vizinho, como ajudante, como objeto sexual de outro ser humano, como membro de uma família ou de um Estado. Nesse caso, torna-se bastante difícil manter-se livre de determinadas exigências de um ideal, e entender o que na verdade é considerado civilizado. Talvez possamos começar explicando que o elemento civilizatório surgiu com a primeira tentativa de regulamentar essas relações sociais. Se essa tentativa não tivesse sido feita, essas relações teriam permanecido sob o arbítrio de cada indivíduo, isto é, o mais forte, fisicamente, decidiria sobre elas de acordo com o sentido de seus interesses e impulsos. E, por outro lado, isso não mudaria caso esse mais forte encontrasse um indivíduo mais forte ainda. A convivência humana só se torna possível quando se reúne uma maioria mais forte do que um indivíduo, e que permanece unida contra qualquer um desses indivíduos. Então o poder dessa comunidade apresenta-se como "direito", contra o poder do indivíduo, que é condenado como "força bruta". Essa substituição do poder do indivíduo pelo poder da comunidade é o passo decisivo. Sua essência consiste na restrição das possibilidades de satisfação dos membros da comunidade, enquanto, por seu lado, o indivíduo não conhecia essas restrições. Portanto, a exigência cultural seguinte é aquela da justiça, isto é, a garantia de que a ordem jurídica, uma vez implantada, não seja rompida novamente em favor de um indivíduo. Porém, com isso não se decide sobre o valor ético dessa justiça. O caminho do desenvolvimento civilizatório parece ser o da luta para que essa justiça não seja a expressão da vontade exclusiva de uma pequena comunidade — de uma casta, de uma determinada camada populacional, de uma tribo — e passe a agir novamente como um indivíduo brutal, em relação a outras massas talvez mais extensas. O resultado final deverá ser uma justiça à qual todos — pelo menos todos os comunitariamente capazes — colaboram com o sacrifício de seus impulsos, e não deixe ninguém — de novo com a mesma exceção acima — tornar-se vítima da força bruta.

A liberdade individual não é um bem cultural. Ela foi maior antes de qualquer civilização, e além disso, na época, geralmente sem nenhum valor, porque o indivíduo quase não era capaz de defendê-la. Ao longo do desenvolvimento da civilização a liberdade sofre restrições, e a justiça exige que ninguém seja poupado delas. A mobilização numa comunidade humana, no sentido de atender seu anseio de liberdade, pode ser uma revolta contra uma injustiça vigente e assim propiciar um desenvolvimento posterior da civilização, permanecendo compatível com ela. Mas esse anseio também pode ser proveniente de um vestígio da sua personalidade original, ainda não domada pela civilização, e assim tornar-se a base da hostilidade contra ela. Portanto, nesse caso o anseio de liberdade dirige-se contra determinadas formas e demandas da civilização ou contra ela como um todo. Não nos parece que, por meio de quaisquer influências, possamos convencer o ser humano a transformar a sua natureza na de um térmita,[9] pois ele sempre defenderá o seu direito à liberdade individual contra a vontade das massas. Grande parte da luta da humanidade concentra-se na tarefa de encontrar um equilíbrio adequado e benfazejo entre essas exigências individuais e as exigências culturais da massa, e um dos problemas de seu destino é saber se esse equilíbrio pode ser alcançado por meio de uma determinada organização cultural, ou se o conflito é irreconciliável.

Enquanto permitíamos que o senso comum nos indicasse as características da vida humana que deveriam ser chamadas de "civilizadas", tínhamos uma imagem nítida do quadro geral da civilização, apesar de não termos conhecido nada além do que já não fosse conhecido. Com isso evitamos o pré-julgamento de dizer que "civilização" tem o mesmo significado que "aperfeiçoamento", o caminho à perfeição predestinado ao ser humano. Porém agora temos outra ideia, que talvez nos conduza a outro lugar. O desenvolvimento da civilização se apresenta a nós como um processo

---

[9] Os térmitas (ou cupins) são insetos da ordem *Isoptera*, constituída de mais de 2000 espécies, que vivem no solo ou na madeira, em colônias numerosas de milhares de indivíduos. (N.T.)

peculiar que ocorre na humanidade, no qual muita coisa nos parece um tanto familiar. Podemos caracterizar esse processo por meio das mudanças que ele opera nas já conhecidas inclinações dos impulsos humanos, cuja satisfação é, na verdade, a tarefa econômica da nossa vida. Dessa maneira alguns desses impulsos são absorvidos, para que surja em seu lugar algo que descrevemos como qualidade do caráter de um indivíduo. Encontramos o mais estranho exemplo desse processo no erotismo anal da pessoa jovem. No decorrer do seu crescimento, o seu interesse original na função excretora, em seus órgãos e produtos, transforma-se no grupo de qualidades que conhecemos como parcimônia, sentido de ordem e limpeza, que, apesar de valiosas e bem vindas, podem se intensificar até chegarem a uma supremacia mais marcante, dando então origem ao que chamamos de caráter anal. Não sabemos como isso ocorre, mas não há dúvida de que essa concepção é correta.[10] Consideramos que a ordem e a limpeza são importantes exigências civilizatórias, apesar da sua necessidade na vida não ser muito evidente, tampouco a sua apropriação como fontes de prazer. Nesse ponto ficou claro para nós, pela primeira vez, como o processo civilizatório é semelhante ao desenvolvimento da libido do indivíduo. Quanto aos demais impulsos, as condições de sua satisfação devem ser desviadas,

---

[10] Veja *Charakter und Analerotik*, (Caráter e erotismo anal), 1908 (*Ges. Schriften*, vol V) e inúmeras outras colaborações de E. Jones et al. (N.A.)

transferidas a outros caminhos, o que, na maioria dos casos, coincide com a nossa bem conhecida *sublimação* (dos objetivos das pulsões), e nos outros se afasta dela. A sublimação dos impulsos é um traço que se sobressai muito no desenvolvimento da civilização, ela torna possível que atividades psíquicas superiores, científicas, artísticas, ideológicas, representem um papel muito importante na vida cultural. Se cedermos à primeira impressão, seremos tentados a dizer que a sublimação é o destino imposto aos impulsos pela civilização. Mas fazemos melhor se refletirmos um pouco mais sobre isso. Finalmente, em terceiro lugar, e isso nos parece o mais importante, é impossível deixarmos de ver em que medida a civilização está construída sobre a renúncia aos impulsos, o quanto ela tem como pressuposto justamente a não satisfação (a opressão, a repressão ou o que quer que seja) de impulsos poderosos. Essa "negação da civilização" domina o grande campo das relações sociais humanas; nós já sabemos que ela é a causa da hostilidade contra a qual todas as culturas precisam lutar. Ela também faz pesadas exigências ao nosso trabalho científico; teremos muito a esclarecer sobre o assunto. Não é fácil entendermos como a negação da satisfação de um impulso se torna possível. E pode até ser perigoso, pois se não o compensarmos economicamente podemos até nos expor a sérias perturbações.

Mas se quisermos saber qual o valor que nossa concepção do desenvolvimento da civilização pode reivindicar, como um processo especial comparável ao amadurecimento normal do indivíduo, devemos levar em conta outro problema, isto é, perguntar-nos a quais influências esse desenvolvimento deve a sua origem, como ele surgiu e o que determinou o seu curso.

capítulo IV

Essa tarefa me parece imensa, e devo confessar, até desanimadora. Eis o pouco que eu pude vislumbrar.

Depois que o homem primitivo descobriu que estava em suas mãos — literalmente — melhorar seu destino na Terra por meio do trabalho, ele não pôde mais encarar com indiferença se outro homem estaria trabalhando com ele ou contra ele. O outro passou a ter para ele o valor de um companheiro de trabalho, com o qual era bastante útil viver. Antes, na pré-história, quando ele ainda era semelhante ao macaco, adotou o hábito de formar famílias; provavelmente os membros da família foram seus primeiros ajudantes. Supostamente a fundação da família está relacionada ao fato da necessidade de satisfação genital deixar de ser como uma visita que aparece de repente na casa de alguém, e depois que parte não dá mais notícias; ela passou a ser um inquilino de longo prazo, que permanece junto ao indivíduo. Com isso o macho tinha um motivo para ficar com a fêmea, ou, generalizando, com o seu objeto sexual. As fêmeas, que não queriam se separar de seus filhos indefesos, precisavam permanecer com os machos mais fortes, também no interesse desses filhotes.[1] Nessa família primitiva ainda sentimos falta de um importante traço da civilização: o irrestrito arbítrio do chefe e

---

[1] A periodicidade orgânica do ato sexual permaneceu preservada, mas sua influência sobre a excitação sexual psíquica converteu-se no seu contrário. Essa modificação tem relação com a diminuição dos estímulos olfativos, com os quais o processo da menstruação exerce seu efeito sobre a psique masculina. Esse papel foi assumido pelas excitações ligadas à aparência, que, ao contrário dos estímulos olfativos intermitentes, tinha um efeito permanente. O tabu da menstruação tem origem nessa "repressão orgânica", como defesa contra uma fase de desenvolvimento já superada; provavelmente todas as outras motivações são de natureza secundária. (veja C.D. Daly, *Hindumythologie und Kastrationskomplex*, Imago XIII, 1927). Esse processo se repete em outro nível, quando os deuses de um período cultural superado transformam-se em demônios. Porém a redução dos estímulos olfativos parece ser uma consequência da decisão do ser humano de andar ereto, afastando-se da terra, de tornar visíveis e expostos sem proteção os órgãos genitais até então cobertos, e assim instituir o pudor. Portanto, na origem do fatídico processo civilizatório estaria a postura ereta do homem. A partir de então o desenvolvimento passa pela desvalorização dos estímulos olfativos e o isolamento da menstruação, pelo peso maior dado aos estímulos visuais, pela visibilidade que os órgãos genitais passam a ter, até a excitação sexual, a fundação da família, e com isso ao limiar da civilização humana. Essa é apenas uma especulação teórica, mas suficientemente importante a ponto de merecer uma verificação mais exata das condições de vida dos animais mais próximos do homem.

Esse momento social é inconfundível, inclusive quanto ao esforço cultural pela limpeza, que encontra uma justificativa posterior nos cuidados higiênicos, mas que já se expressara antes disso. O instinto de limpeza origina-se da necessidade de se afastar os excrementos que se tornaram desagradáveis às percepções sensoriais. Sabemos que na infância as coisas são diferentes. Os excrementos não provocam o nojo das crianças, eles até lhes parecem valiosos, como uma parte que foi destacada de seus corpos. Nesse caso, a educação se empenha energicamente em forçar a aceleração do desenvolvimento, que deverá converter os excrementos em produtos sem valor, nojentos, repugnantes e desprezíveis. Essa inversão de valores quase não teria sido possível se essas substâncias excretadas pelo corpo não fossem condenadas a terem o mesmo destino reservado aos estímulos olfativos, por causa de seu forte odor, depois que o homem adotou a postura ereta, levantando-se do

pai. No livro "Totem e Tabu"[2] eu tentei mostrar o caminho que conduz dessa família à fase seguinte de convivência, formada pelos grupos de irmãos. Ao subjugarem o pai, os filhos perceberam que um grupo unido pode ser mais forte do que um indivíduo. A cultura totêmica baseia-se nas restrições que eles eram obrigados a impor uns aos outros para a manutenção da nova condição. As leis do tabu constituíram a primeira forma de "direito". Portanto, a convivência das pessoas era duplamente justificada: primeiro, pela obrigação de trabalhar, imposta pela necessidade externa, e segundo, pelo poder do amor, em que o homem não queria abrir mão do seu objeto sexual, ou seja, a mulher, que por seu lado também não queria abrir mão da parte que

---

chão. Portanto, o erotismo anal sucumbe primeiramente ao "recalcamento orgânico" que abriu caminho à civilização. O fator social que promoveu a transformação do erotismo anal é comprovado quando se nota que, apesar de todo o progresso, o cheiro dos próprios excrementos não é chocante para o homem, mas apenas os dos outros. O sujo, isto é, aquele que não esconde seus excrementos, está ofendendo o outro, mostra uma falta de respeito por ele, o que também é confirmado pelos fortes xingamentos de que é alvo. Seria incompreensível que o homem utilizasse como xingamento o nome de seu amigo mais fiel do mundo animal, ou seja, o cão, se este não fosse tão desprezado pelos humanos em função de duas características: uma, por ser um animal de olfato sensível que não sente nojo dos excrementos, e outra, por não sentir vergonha de suas funções sexuais. (N.A.)

[2] Nesse texto, publicado em 1913, Freud apresenta uma teoria especulativa em que o totem simboliza o pai primitivo assassinado por seus filhos, que se rebelam contra o domínio paterno na horda primitiva. (N.T.)

se separa dela, ou seja, seu filho. Eros[3] e Ananke[4] tornaram-se os pais da civilização humana, cujo primeiro êxito foi que, dali em diante, um maior número de pessoas podia viver em comunidades. Esses dois grandes poderes unidos contribuíam para isso, portanto, era de se esperar que o desenvolvimento posterior se realizasse mais facilmente em favor de um domínio cada vez maior do mundo externo, e também com um aumento constante do número de pessoas abrangido pela comunidade. Não é fácil entender por que essa cultura deixaria de tornar seus integrantes felizes.

Antes de examinarmos de onde poderia vir a perturbação, vamos aproveitar esse reconhecimento do amor como base da cultura, para preenchermos uma lacuna deixada numa explicação anterior. Afirmávamos que a experiência do amor sexual (genital) garante ao homem as mais fortes vivências de satisfação, na verdade até lhe dá um exemplo de felicidade. Então, em função disso, ele concluiu que deveria buscar a felicidade também no âmbito das relações sexuais, e colocar o erotismo genital no centro da sua vida. Prosseguimos dizendo que, por esse caminho, podemos nos tornar dependentes de

---

[3] Eros é o deus grego do amor. Freud sempre o menciona como personificação da força vital e da pulsão sexual, em oposição a Thanatos, o deus da morte, a personificação da pulsão de morte. Eros é utilizado, por Freud, muito mais no sentido de uma metáfora poética do que científica, o que é bastante apropriado pelo fato de Eros ser o amante de Psiqué (na mitologia grega, Psiqué é a personificação da alma) e também por instaurar a harmonia no caos e permitir que a vida se desenvolva. (Charles Rycroft. *Dictionary of Psychoanalysis*. Penguin Books, Nova York, 2ª edição, 1995) (N.T.)

[4] Ananke é uma deusa grega que representa o destino. (N.T.)

uma parte do mundo externo, ou seja, do objeto de amor por nós escolhido, e nos expormos a um grande sofrimento caso sejamos desdenhados por ele ou o perdermos, pela infidelidade ou pela morte, o que é extremamente preocupante. Por isso os sábios de todos os tempos sempre nos aconselharam enfaticamente a não escolher esse caminho na vida; entretanto, ele não perdeu sua força de atração para um grande número de seres humanos.

Porém para um pequeno número de pessoas ainda é possível, em função de sua constituição, encontrar de fato a felicidade pelo caminho do amor, mas para isso serão indispensáveis amplas alterações psíquicas da função amorosa. Essas pessoas tornam-se independentes da anuência do objeto, quando deslocam a importância de "ser amado" para o ato de amar em si, protegem-se contra a perda desse objeto único direcionando seu amor a todas as pessoas na mesma medida, e evitam as oscilações e decepções do amor genital desviando-se do seu objetivo sexual e transformando a pulsão num sentimento *de finalidade inibida*. O que conseguem alcançar com isso é um sentimento harmonioso, estável, terno, que não tem mais muita semelhança externa com a vida amorosa genital turbulenta, movimentada, da qual esse sentimento se originou. *São Francisco de Assis*[5] foi quem conseguiu ir mais longe nessa utilização

---

[5] Giovanni di Pietro di Bernardone, ou Francisco de Assis (1181-1226) era filho de um rico comerciante na cidade de Assis, na Italia. Em 1202 lutou na guerra contra a Perugia, e depois de capturado ficou um ano preso. Quando voltou para casa ficou muito doente, e, depois de

do amor para a sensação interior de felicidade. O que reconhecemos como uma das técnicas de satisfação do princípio do prazer também foi vinculado de várias maneiras à religião, à qual ele poderia estar ligado naquelas regiões remotas em que a diferenciação do eu em relação aos objetos e destes entre si é negligenciada. Uma perspectiva ética, cuja motivação mais profunda ainda nos será revelada, verá, nessa disposição para amar o homem comum e o mundo, a mais suprema posição à qual o homem poderá chegar. Também não queremos deixar de mencionar aqui nossas duas principais preocupações. Um amor que não é seletivo parece-nos perder uma parte do seu próprio valor, ao cometer uma injustiça com o objeto. E mais ainda: nem todas as pessoas são dignas de serem amadas.

Aquela forma de amor que criou a família continua eficaz culturalmente, tanto na sua configuração original, que não renuncia à satisfação sexual direta, como também na sua configuração modificada, como ternura de finalidade inibida. Em ambas as configurações ele dá continuidade à sua função de unir um maior número de pessoas entre si, e isso de um modo bem mais intenso do que no caso do interesse pelo trabalho comunitário. A negligência da linguagem na utilização da palavra "amor" possui

---

curado, não se acostumou mais com a vida militar. Aos vinte e cinco anos renunciou à herança e a todos os bens materiais, e passou a se dedicar aos pobres e miseráveis. Fundou a primeira Ordem de Frades Franciscanos. Morreu aos 44 anos de idade, e foi declarado santo da Igreja Católica em 1228. (N.T.)

uma justificativa genética. Chamamos de amor a relação entre um homem e uma mulher, que, por causa de suas necessidades genitais, fundaram uma família. Mas também chamamos de amor os sentimentos positivos entre pais e filhos e entre os irmãos em uma família, apesar de sermos obrigados a descrever essas relações como um amor de finalidade inibida, ou seja, como ternura. Originalmente o amor de finalidade inibida era um amor plenamente sensual, e ainda o é no inconsciente das pessoas. Ambos, o amor plenamente sensual e o amor de finalidade inibida, extrapolam a família e criam novas ligações com pessoas até então estranhas. O amor genital conduz a novas configurações familiares, o amor de finalidade inibida conduz a "amizades" que se tornam culturalmente importantes, porque não possuem algumas das restrições do amor genital, como por exemplo, a exclusividade. Mas ao longo do desenvolvimento cultural, o elo da cultura com o amor deixa de ser óbvio. Por um lado o amor se opõe aos interesses da cultura, por outro a cultura ameaça o amor com sensíveis restrições.

Essa cisão parece inevitável; não se reconhece o motivo, de imediato. Inicialmente ela se manifesta como um conflito entre a família e a comunidade maior à qual o individuo pertence. Já percebemos que aglutinar as pessoas em grandes unidades é um dos principais empenhos da cultura. Porém a família não quer liberar o indivíduo. Quanto mais forte a ligação entre os membros da família, tanto mais eles tenderão a se afastar das outras pessoas, e mais difícil será para eles o acesso ao círculo mais amplo da sociedade. O modo de convivência filogenético,[6] mais antigo, existente apenas na infância, resiste a ser preterido pelo cultural, adquirido posteriormente. A separação da família torna-se uma tarefa difícil para o jovem, porém para concretizá-la, muitas vezes a sociedade lhe dá todo apoio, por meio de ritos de puberdade e acolhimento. Temos a impressão de que estas são dificuldades inerentes a todo desenvolvimento psíquico, sim, basicamente também a todo desenvolvimento orgânico.

Além disso, logo as mulheres também se colocarão em oposição à corrente cultural, exercendo toda a sua influência retardadora e de contenção. Foram elas mesmas que no início haviam estabelecido o fundamento da cultura, por meio das exigências de seu amor. As mulheres representam os interesses da família e da vida sexual, enquanto o trabalho cultural tornou-se cada vez mais um assunto dos homens, impondo-lhes tarefas cada vez mais difíceis, forçando-os a sublimações das pulsões, para as quais as mulheres não tinham capacidade suficiente. Como o ser humano não dispõe de quantidades ilimitadas de energia psíquica, ele precisa realizar suas tarefas por meio de uma adequada distribuição

---

[6] A filogênese é uma forma de evolução pela qual as formas vivas inferiores vão se modificando ao longo do tempo, para produzirem outras cada vez mais elevadas. Freud afirma que na ontogênese (o desenvolvimento do indivíduo) assim como na filogênese (o desenvolvimento de um grupo como um todo, de uma comunidade ou tribo) as formas primitivas permanecem preservadas e continuam junto das aquisições das fases posteriores de desenvolvimento. (N.T.)

da libido. A energia que ele gasta em atividades culturais, ele subtrai em grande parte das mulheres e da vida sexual; a sua convivência constante com homens, sua dependência do relacionamento com eles, até o afastam de suas funções de marido e pai. Assim, em função das exigências culturais, a mulher se vê empurrada para os bastidores e entra em uma relação hostil com a cultura.

Do lado da cultura, a tendência à restrição da vida sexual não é menos evidente do que a de ampliação do círculo cultural. Já a primeira fase da cultura, a do totemismo,[7] traz consigo a proibição da escolha de um objeto incestuoso, talvez a incisão mutiladora mais profunda que a vida amorosa humana já experimentou ao longo dos tempos. São impostas mais restrições tanto a homens quanto a mulheres, por meio do tabu, das leis e dos costumes. Nem todas as culturas avançam da mesma forma por esse caminho; a estrutura econômica da sociedade influencia também o grau de liberdade sexual restante. Já sabemos que assim a cultura segue a coação da necessidade econômica, pois precisa subtrair da sexualidade o grande montante de energia psíquica que gasta. Nisso a cultura comporta-se diante da sexualidade como se fosse uma tribo ou uma camada da população que submeteu outra à sua exploração. O medo da revolta dos oprimidos leva à adoção de regras preventivas mais rigorosas. Nossa cultura europeia ocidental

---

[7] Ver a nota 2 na página 75. (N.T.)

mostra um ponto alto desse desenvolvimento. É amplamente justificado psicologicamente, que ela comece proibindo as manifestações da vida sexual infantil, pois não há perspectiva de se conter o desejo sexual dos adultos sem que tenha sido feito um trabalho preparatório na infância. Só que não se justifica, de modo algum, que a sociedade cultural tenha chegado tão longe a ponto de negar esses fenômenos facilmente comprováveis, e até evidentes. A escolha do objeto pelo indivíduo sexualmente maduro fica restrita ao sexo oposto, a maioria das satisfações extragenitais são proibidas por serem consideradas perversões. Essa exigência de uma vida sexual de mesmo tipo para todos, manifestada nessas proibições, passa por cima das diferenças da constituição sexual inata e adquirida dos seres humanos, priva da fruição sexual um grande número deles e assim torna-se a fonte de uma grave injustiça. O êxito dessas regras restritivas poderia ser constatado se todo interesse sexual fluísse sem perdas pelos canais que ficaram abertos naqueles seres humanos considerados normais e não impedidos pelas suas constituições. Mas o que permanece livre das proscrições, o amor genital heterossexual, continua sendo prejudicado pelas restrições da legitimidade e da monogamia. A cultura de hoje nos dá a entender, com muita clareza, que só quer permitir as relações sexuais quando elas têm como base uma ligação única, indissolúvel, de um homem com uma mulher, e que não vê com bons olhos a sexualidade como fonte autônoma de prazer; só pretende tolerá-la como uma, até agora insubstituível, fonte de multiplicação dos seres humanos. Naturalmente isso é muito radical, e sabemos que se mostrou inexequível até mesmo por curtos períodos. Só os fracos sujeitaram-se a uma interferência tão ampla na sua liberdade sexual; as naturezas mais fortes fizeram-no apenas sob uma condição compensadora, da qual falaremos mais tarde. A sociedade civilizada percebeu que seria necessária a aceitação silenciosa de muitas transgressões, que na verdade ela deveria combater, segundo suas regras. Mas não podemos errar e ir para o outro lado, supondo que uma postura cultural como essa pode ser totalmente inofensiva, por não alcançar todos os seus propósitos. A vida sexual do ser humano civilizado está gravemente prejudicada; por vezes ela nos dá a impressão de uma função em retrocesso, como a da nossa dentição e dos nossos cabelos, enquanto órgãos. Provavelmente temos razão em admitir que seu significado como fonte de sensações de felicidade, portanto, de realização da nossa finalidade de vida, também se reduziu sensivelmente.[8] Às vezes acreditamos que não é apenas a pressão da cultura, mas algo na essência

---

[8] Dentre os poemas do primoroso escritor inglês J. Galsworthy, que goza atualmente de um amplo reconhecimento, cedo aprendi a apreciar uma pequena história intitulada: *The Appletree*. Ela mostra enfaticamente que na vida do homem civilizado atual não há mais espaço para o amor simples, natural, entre dois seres humanos. (N.A.)

John Galsworthy (1867-1933) foi um escritor e novelista inglês, ganhador do prêmio Nobel de literatura de 1932. A novela *The Appletree*

daquela função em si é que nos nega uma satisfação completa e nos impele a outros caminhos. Deve ser um engano, mas é difícil decidir isso.[9]

(A macieira) é uma história de encontros e desencontros amorosos, e faz parte da obra intitulada *Five Tales* (Cinco histórias) escrita em 1923. (N.T.)

[9] Acrescento aqui os comentários a seguir, como apoio à suposição acima mencionada: o ser humano também é um animal de inequívoca tendência bissexual. O indivíduo corresponde a uma fusão de duas metades simétricas, das quais, segundo alguns pesquisadores, uma é puramente masculina, a outra puramente feminina. Da mesma forma, é possível que cada metade tivesse sido originalmente hermafrodita. Apesar de seu extraordinário significado para a vida psíquica, a sexualidade é um fato biológico difícil de ser entendido psicologicamente. Estamos acostumados a dizer que cada ser humano revela pulsões, necessidades e características tanto femininas quanto masculinas, mas o caráter masculino e feminino pode ser mostrado pela anatomia, porém não pela psicologia. Para ela a oposição entre os sexos se desvanece em favor daquela da atividade e da passividade, em que relacionamos, sem muita preocupação, a atividade à masculinidade e a passividade à feminilidade, o que no mundo animal de modo algum se confirma, sem exceções. O estudo da bissexualidade ainda se encontra na penumbra, e devemos considerar uma grave falha o fato dele ainda não ter encontrado uma ligação com o estudo das pulsões. Seja como for, quando aceitamos o fato concreto de que o indivíduo em sua vida sexual quer satisfazer desejos tanto masculinos quanto femininos, devemos estar preparados para a possibilidade de que essas exigências não possam ser satisfeitas pelo mesmo objeto, e que elas se incomodam mutuamente, quando não se consegue mantê-las separadas e canalizar cada estímulo para uma via especial, adequada a ele. Uma outra dificuldade surge pelo fato da relação erótica, além do componente sádico que lhe é próprio, com frequência vir acompanhada de tendências agressivas diretas. Diante dessas complicações, o objeto amoroso nem sempre mostrará tanta compreensão e tolerância como no caso daquela camponesa, que se queixa que seu marido não a ama mais, porque há uma semana não lhe dá uma surra.

Porém a suposição que melhor aprofunda o tema, ligada às explicações da nota 2 na página 74, sugere que, com a adoção da postura ereta pelo homem e a desvalorização do sentido do olfato, toda a sexualidade, e não apenas o erotismo anal, ameaçou tornar-se vítima da repressão orgânica, quando, desde então, a função sexual vem acompanhada de uma relutância injustificada que impede uma satisfação completa, e se afasta da meta sexual favorecendo sublimações e deslocamentos da libido. Eu sei que Bleuler em "Der Sexualwiderstand" [A resistência ao sexo], *Jahrbuch für psychoanalytische und psychopathologische Forschungen,* v. 5, 1913) apontou uma vez para a existência de uma postura primitiva como essa, de rejeição à vida sexual. Diante do fato real de *Inter urinas et faeces nascimur* (entre a urina e as fezes nós nascemos) todos os neuróticos, e muitos que não o são, escandalizam-se. As genitálias também produzem fortes percepções olfativas, insuportáveis para muitas pessoas, prejudicando suas relações sexuais. Dessa forma, a rejeição orgânica apareceria como a mais profunda raiz da repressão sexual que avança com a civilização, depois da nova forma de vida alcançada com a postura ereta do homem, contra a antiga existência animal; o resultado de pesquisas científicas passa a ser estranhamente permeado por preconceitos banais, com frequência bastante ruidosos. De todo modo, por enquanto essas são possibilidades ainda incertas e não confirmadas pela ciência. Também não vamos esquecer que, apesar da desvalorização inegável dos estímulos olfativos, ainda existem povos na Europa que dão muito valor aos fortes odores genitais como elementos de atração sexual, e não querem renunciar a eles, apesar de serem tão repugnantes para nós. (Veja as pesquisas folclóricas baseadas na enquete de Iwan Bloch, "Über den Geruchssin in der vita sexualis" [Sobre o sentido do olfato na vida sexual] nas edições de diversos anos da *Anthropophyteia,* de Friedrich S. Krauss.) (N.A.)

Paul Eugen Bleuler (1857-1939) foi um psiquiatra suíço, um dos pioneiros na introdução e utilização da psicanálise de Freud. Introduziu nessa disciplina os termos "esquizofrenia" (squizo = dividida e phrene = mente), e também o termo "autismo". (N.T.)

capítulo V

O trabalho psicanalítico nos ensinou que justamente os assim chamados neuróticos não suportam essas frustrações da vida sexual. Com seus sintomas, eles criam compensações que causam sofrimento ou se tornam fontes de sofrimento, dificultando suas relações com o ambiente e a sociedade. Essa última condição é facilmente compreensível, a primeira nos propõe um novo enigma. Mas a civilização exige de nós outros sacrifícios além da renúncia à satisfação sexual.

Concebemos a dificuldade do desenvolvimento cultural como uma dificuldade do desenvolvimento em geral, quando a explicamos como uma indolência da libido, uma recusa em abandonar uma antiga posição para adotar uma nova. Afirmamos quase a mesma coisa quando, a partir da oposição entre a civilização e a sexualidade, concluímos que o amor sexual é uma relação entre duas pessoas, em que uma terceira pode ser apenas supérflua ou perturbadora, enquanto a civilização tem como base os relacionamentos entre muitas pessoas. No ápice de um relacionamento amoroso não há quase nenhum interesse pelo entorno, o casal se basta a si mesmo, e também não precisa de um filho para ser feliz. Em nenhum outro caso Eros revela tão claramente a essência de seu ser, o propósito de gerar um só a partir de muitos; porém, como já se tornou proverbial, quando alcança isso por meio da paixão entre duas pessoas ele não consegue ir além.

Até agora podemos imaginar muito bem que uma comunidade cultural seja constituída por esses indivíduos duplos, que, já com suas libidos satisfeitas, estariam ligados entre si pelos laços do trabalho e dos interesses em comum. Nesse caso a civilização não precisaria subtrair nenhuma energia da sexualidade. Mas essa situação tão desejável não existe e nunca existiu; a realidade nos mostra que a civilização não se satisfaz apenas com as ligações permitidas até agora, ela também pretende ligar os membros da comunidade pela libido. Para isso se serve de todos os meios possíveis, privilegiando qualquer caminho que possa produzir fortes identificações entre eles, e em grande medida mobiliza a libido de meta inibida para fortalecer os laços dessa comunidade por meio de relações de amizade. Para a realização desses propósitos, a restrição da vida sexual é inevitável. Mas falta-nos o entendimento da necessidade que impele a civilização a esse caminho e fundamenta sua oposição à sexualidade. Deve tratar-se de um fator perturbador, ainda não descoberto por nós.

Uma das assim chamadas exigências ideais da sociedade civilizada pode nos indicar uma pista. Ela diz o seguinte: "Deves amar o próximo como a ti mesmo". É famosa no mundo inteiro, certamente mais antiga do que o cristianismo, que a apresenta como sua exigência suprema; mas na verdade nem é tão antiga assim, pois em tempos históricos ainda era desconhecida dos homens. Vamos adotar uma posição ingênua com relação a ela, como se a ouvíssemos pela primeira vez. Então não conseguimos reprimir uma sensação de estranheza e de surpresa. Por que deveríamos fazê-lo? Isso nos ajudaria? Mas sobretudo, como conseguiríamos fazê-lo? Como isso se tornaria possível para nós? Meu amor é valioso para mim, algo que não posso descartar de forma irresponsável. Ele me impõe deveres que preciso estar disposto a cumprir, mesmo com sacrifícios. Quando amo outra pessoa, de algum modo ela precisa merecer o meu amor. (Não levo em conta o benefício que ela pode me trazer, nem seu possível significado como objeto sexual para mim; esses dois tipos de relacionamento não são considerados na regra do amor ao próximo). A pessoa merece meu amor quando é tão parecida comigo em partes importantes do meu ser, que posso até amar essas suas partes como se as amasse em mim mesmo; ela o merece quando é tão mais perfeita do que eu, que posso amar nela o meu ideal de mim mesmo; em todo caso, preciso amá-la se ela for o filho de meu amigo, pois a dor do amigo, se algo acontecesse ao seu filho, seria a minha dor também, então eu teria o dever de compartilhá-la. Mas se ele for um estranho para mim, e não for capaz de me atrair por seu valor pessoal ou pelo significado especial que tenha adquirido na minha vida afetiva, torna-se difícil para mim amá-lo. Até cometo uma injustiça com isso, pois meu amor é considerado um privilégio por todos os meus entes queridos; eu estaria sendo injusto com eles se os igualasse ao estranho. Mas se eu tiver de amá-lo com esse amor, por assim dizer, universal, só porque ele também é um ser deste mundo, como o inseto, a minhoca, a cobra d'água, então, temo eu, caberá a ele uma porção muito reduzida de meu amor, jamais tanto quanto tenho direito de manter para mim mesmo, de acordo com o critério da razão. Para que serve uma regra tão solene se o seu cumprimento não pode ser recomendado como algo racional?

Ao examinar melhor tudo isso, encontro outras dificuldades. De modo geral, esse estranho não só não merece ser amado, mas, devo admitir sinceramente, ele tem mais direito à minha inimizade e até ao meu ódio. Ele parece não sentir nenhum amor por mim, e também não demonstra ter a mínima consideração pela minha pessoa. Se ele puder tirar proveito de alguma coisa, não se importará em me prejudicar, e também não se perguntará se a dimensão do seu proveito corresponderá à dimensão do dano que ele me causará. Sim, ele nem precisará obter esse proveito; se conseguir satisfazer uma vontade qualquer, nem se importará em me humilhar, ofender, caluniar, mostrar seu poder sobre mim, e quanto mais seguro ele se sentir e mais indefeso eu estiver, tanto mais eu poderei esperar esse seu comportamento em relação a mim. Se ele se comportar de outro modo e demonstrar ter consideração por mim, mesmo sendo um estranho, estarei disposto a retribuir da mesma forma, até mesmo sem levar em conta aquela regra mencionada acima. Sim, se aquele extraordinário mandamento fosse assim: "Ama o teu próximo como o próximo te ama", então eu não teria nada a opor. Existe um segundo mandamento que me parece ainda mais incompreensível que o primeiro, e que me causa arrepios mais fortes. Ele diz: "Ama teus inimigos". Mas, ao refletir melhor, vejo que não tenho razão em rejeitá-lo, achando que é uma imposição ainda maior do que o anterior. Ele é basicamente o mesmo.[1]

Então creio ouvir a advertência vinda da mais respeitável das vozes: "Justamente porque seu semelhante é indigno de seu amor, e provavelmente seu inimigo, é que você deveria amá-lo como a si mesmo." Então entendo que esse caso é muito parecido com o *Credo quia absurdum*.[2]

---

[1] Um grande poeta pode se permitir expressar verdades psicológicas inconvenientes, pelo menos em tom de brincadeira. Heinrich Heine confessa: "Eu tenho a mais pacífica das mentalidades. Meus desejos são: uma cabana modesta, um telhado de palha, porém também uma boa cama, uma boa comida, leite e manteiga, tudo muito fresco, flores na janela, algumas belas árvores diante da porta, e se o meu querido Deus quiser me fazer bem feliz, ele me permitirá vivenciar a alegria de ver cerca de seis a sete dos meus inimigos serem enforcados nessas árvores. Com o coração transbordando de emoção eu os perdoarei, antes de suas mortes, por todas as injustiças que cometeram contra mim em vida — sim, precisamos perdoar nossos inimigos, mas não antes deles serem enforcados." (Heine, *Gedanken und Einfälle*). (N.A.)

Christian Johann Heinrich Heine (1797-1856) foi poeta, escritor, e jornalista alemão. Considerado um dos últimos poetas do romantismo, converteu-se do judaísmo ao cristianismo protestante, e, apesar de não se filiar a nenhum partido, foi simpatizante das teorias socialistas de Marx e Engels. (N.T.)

[2] Do latim: "Eu creio porque é absurdo" (Tertuliano, *De carne Christi*, 5,4). (N.T.)

É bem provável que esse semelhante, quando for intimado a me amar tanto quanto a si mesmo, responda exatamente como eu responderia, e me rejeite com as mesmas justificativas. Espero que não tenha os mesmos argumentos objetivos, mas certamente ele pensará o mesmo. Em todo caso existem diferenças nos comportamentos humanos, que a ética classifica como "bons" e "maus", sem levar em conta a relatividade desses critérios. Enquanto essas inegáveis diferenças não forem eliminadas, o cumprimento das elevadas exigências éticas representa um dano aos propósitos da cultura, pois oferece prêmios para quem é "mau". Não podemos deixar de lembrar de um episódio ocorrido no parlamento francês, quando se discutia a pena de morte; um orador se posicionou veementemente a favor da sua extinção e ganhou efusivos aplausos, até que alguém do salão ao lado gritou as seguintes palavras: *"Que messieurs les assassins commencent!"*[3]

A porção de realidade por trás disso, que as pessoas gostam de negar, é que o ser humano não é um ser dócil, necessitado de amor, e que no máximo se defende quando é agredido, mas que na verdade pode acrescentar aos seus dotes pulsionais uma poderosa porção de inclinações agressivas. Por causa disso, para ele seu semelhante não é apenas um possível auxiliar e objeto sexual, mas também desperta nele a tentação de satisfazer sua

---

[3] Do francês: "Que os senhores assassinos comecem!" (N.T.)

agressividade, de explorar sua força de trabalho sem uma compensação, de usá-lo sexualmente sem sua permissão, de tomar-lhe os bens, de humilhá-lo, de infringir-lhe dores, martirizá-lo e matá-lo. *Homo homini lúpus*[4] — depois de todas as experiências ao longo da vida e da história, quem ainda teria a coragem de contestar essa frase? Via de regra, essa terrível agressividade aguarda uma provocação, ou coloca-se a serviço de outro propósito, cuja meta também poderia ser alcançada com meios mais brandos. Em condições mais favoráveis, quando estão ausentes as forças psíquicas contrárias que geralmente a inibem, essa agressividade se expressa espontaneamente, revela o homem como uma besta selvagem, indiferente até mesmo à preservação da própria espécie. Quem relembra o horror da migração dos povos, das invasões dos hunos,[5] dos assim chamados mongóis sob Gengis Kahn e Tamerlão,[6] da conquista de Jerusalém pelos devotos

---

[4] Do latim: "O homem é o lobo do homem". Originalmente uma frase do poeta e dramaturgo romano Tito Mácio Plauto (250-184 A.C.) que, nas suas 21 peças de teatro preservadas até hoje, reproduz com fidelidade a vida dos romanos da época. Posteriormente o filósofo inglês Thomas Hobbes (1588-1679) usou-a na sua teoria do Estado natural — a guerra de todos contra todos. (N.T.)

[5] "Hunos" é uma designação geral dos povos nômades equestres provenientes da Eurásia, e que invadiram a Europa no final do século IV. (N.T.)

[6] Gengis Kahn (1162-1227) comandou os mongóis, tribos que habitavam as estepes da Ásia Central, na conquista e na unificação de grandes partes desse território e do Norte da China. Tamerlão, ou "Timur o coxo" foi o último dos grandes conquistadores da Asia Central, tentou restaurar o império mongol e expandir seus domínios até a Índia, Pérsia, Iraque, Armenia e sul da Rússia. (N.T.)

cruzados, sim, até mesmo os terrores da última Guerra Mundial, terá de se curvar humildemente diante dessa realidade.

A existência dessa tendência à agressividade, que podemos perceber em nós e pressupor no outro, com toda razão, é o que perturba nosso relacionamento com o semelhante e obriga a civilização a empregar todos os seus recursos. Por causa dessa hostilidade primária entre os seres humanos, a sociedade civilizada é constantemente ameaçada pela decadência. Os interesses envolvendo o trabalho comunitário não são capazes de mantê-la unida, as paixões pulsionais são mais fortes do que os interesses racionais. A civilização precisa mobilizar tudo para impor limites às pulsões agressivas dos homens, e abafar suas expressões por meio de formações psíquicas reativas. Por isso ela mobiliza métodos para impelir as pessoas a identificações e relacionamentos amorosos de meta inibida, por isso ela restringe a vida sexual, e por isso também ela apresenta o mandamento ideal de amar o próximo como a si mesmo, que realmente se justifica, pelo fato de nada ser tão contrário à natureza primitiva humana. Apesar de todos os esforços, até agora esse empenho não alcançou muita coisa. A civilização espera impedir os mais grosseiros excessos de uma violência brutal, na medida em que atribui a si mesma o direito de exercer a violência contra os criminosos, mas a lei não consegue abranger as expressões mais cautelosas e refinadas da agressão humana. Cada um de nós chega ao ponto de abandonar as expectativas da juventude relativas aos seus semelhantes, considerando-as meras ilusões, e sente o quanto a vida se tornou dolorosa e difícil por causa do seu malquerer. Porém seria uma injustiça acusar a civilização de querer excluir a discórdia e a disputa das atitudes humanas. Certamente elas são indispensáveis, mas o antagonismo não é necessariamente inimizade, é apenas usado indevidamente como um motivo para ela.

Os comunistas acreditam ter encontrado o caminho para a salvação do mal. Eles dizem que o ser humano é inequivocamente bom, bem intencionado para com o seu semelhante, mas que a instituição da propriedade privada estragou a sua natureza. A posse de bens privados confere o poder ao indivíduo, que se sente tentado a maltratar o seu semelhante; aquele que foi privado dessas posses torna-se hostil, e tende a se rebelar contra o opressor. Quando se elimina a propriedade privada todos os bens tornam-se comuns, permitindo que todas as pessoas possam participar de seu usufruto; então o malquerer e a hostilidade entre as pessoas desaparecerão. Como todas as necessidades serão satisfeitas, ninguém terá motivos de ver no outro um inimigo; todos se encarregarão voluntariamente da realização dos trabalhos necessários. Eu não tenho nada a ver com a crítica à economia do sistema comunista, não tenho condições de verificar se a eliminação da propriedade privada é de fato conveniente e vantajosa.⁷ Mas consigo identificar o seu pressuposto psicológico como uma ilusão inconsistente. Com a eliminação da propriedade privada retiramos da agressividade humana um dos seus instrumentos mais fortes, porém não o mais forte. Nas diferenças entre poder e influência, que a agressividade usa e abusa para seus propósitos, não se modifica nada, nem mesmo em sua essência. A agressividade não foi produzida pela posse de propriedades, ela reinou quase irrestritamente nos tempos primitivos, quando a propriedade ainda era muito modesta. Ela já se apresenta na infância, tão logo a propriedade abandona seu formato anal primitivo e torna-se a base de todos os relacionamentos afetuosos e amorosos entre as pessoas, talvez com a única exceção do relacionamento da mãe com seu filho homem. Quando eliminamos o direito individual aos bens materiais, ainda resta o privilégio nas relações sexuais, que passa a ser a fonte de uma forte inveja e da mais violenta rivalidade entre as pessoas, que, de outra forma, viveriam em situação de igualdade. Se eliminarmos também este último, por meio da total liberação da vida

---

⁷ Quem experimentou a desgraça da pobreza em seus anos de juventude e sentiu a indiferença e a soberba dos ricos proprietários, deveria estar imune à suspeita de não ter nenhuma compreensão e nenhuma boa vontade para com os esforços de combater a desigualdade de propriedades das pessoas, e o que deriva dela. Naturalmente, se essa luta se refere à abstrata demanda de direitos iguais para todos, torna-se evidente a alegação de que a natureza, por meio da extrema desigualdade de dotes físicos e intelectuais das pessoas, implantou injustiças contra as quais não existe remédio. (N.A.)

sexual, portanto, eliminando a família, que é a célula nuclear da cultura, não poderemos mais prever o novo caminho a ser tomado pelo desenvolvimento cultural. Porém é de se esperar que a característica indestrutível da natureza humana o seguirá, por onde for.

Provavelmente não será fácil para os seres humanos renunciar à satisfação dessa inclinação à agressividade; eles não se sentem bem com isso. A vantagem de um círculo cultural menor, em que se permite hostilizar os estranhos como uma saída para essa inclinação, não deve ser subestimada. É sempre possível unir uma quantidade maior de pessoas no amor quando restam outras para a expressão da agressividade. Certa vez constatei o fenômeno de que eram justamente as comunidades vizinhas e semelhantes também em outros aspectos, que se hostilizavam e escarneciam umas das outras, como por exemplo os espanhóis e os portugueses, os alemães do norte e os do sul, os ingleses e escoceses, etc. Eu dei a esse fenômeno o nome de "narcisismo das pequenas diferenças", o que na verdade não contribui muito para uma explicação. Reconhecemos nisso uma forma de satisfação cômoda e relativamente inofensiva da propensão à agressividade, que facilita a união entre os membros da comunidade. Dessa forma o povo judeu, espalhado por todas as partes do mundo, conseguiu alcançar méritos memoráveis com a assimilação das culturas de seus povos anfitriões; infelizmente todas as matanças de judeus na Idade Média não foram suficientes para que esse período tivesse uma configuração mais pacífica e segura para seus companheiros cristãos. Depois que o apóstolo Paulo declarou o amor humano universal como o fundamento da sua comunidade cristã, a consequência inevitável foi uma extrema intolerância do cristianismo contra os que ficaram do lado de fora. Para os romanos, que não basearam sua comunidade estatal no amor, a intolerância religiosa era algo desconhecido, apesar da religião ser assunto de Estado e o Estado se encontrar impregnado de religião. Não foi um acaso incompreensível o fato do sonho germânico de dominação do mundo ter apelado para a difusão do antissemitismo a título de complementação, e também nos parece compreensível que a tentativa de implantar uma nova cultura comunista na Rússia encontre sua sustentação psicológica na perseguição aos burgueses. Apenas nos perguntamos, preocupados, o que os soviéticos farão depois de terem eliminado seus burgueses.

Se a cultura impõe tão grandes sacrifícios ao ser humano, não apenas à sua sexualidade, mas também à sua inclinação à agressividade, então entendemos melhor a sua dificuldade em se sentir feliz. Na prática a vida do homem primitivo era melhor, pois ele não estava submetido às restrições de suas pulsões. Em compensação, a sua certeza de desfrutar essa felicidade por um longo tempo era bem reduzida. O ser humano civilizado trocou um tanto de possibilidade de felicidade por um tanto de segurança. Mas não devemos esquecer que na família primitiva só o chefe desfrutava essa liberdade de extravasar suas pulsões; os outros viviam oprimidos, como se fossem escravos. Portanto, naqueles tempos primitivos, foi levado ao extremo o contraste entre uma minoria que desfrutava as vantagens da cultura e a maioria que era privada delas. Numa pesquisa cuidadosa sobre os homens primitivos que vivem atualmente, descobrimos que sua liberdade de extravasar as pulsões não pode, de modo algum, ser invejada; ela está submetida a restrições de outro tipo, talvez mais rigorosas do que as do homem civilizado moderno.

Quando, com toda razão, criticamos o estado atual da nossa civilização, afirmando que ele não atende satisfatoriamente às nossas exigências de uma vida feliz, que nos deixa à mercê de muito sofrimento que provavelmente poderia ser evitado; quando, com uma crítica impiedosa, lutamos para revelar as raízes da imperfeição dessa civilização, certamente estamos exercendo o nosso direito, e não nos colocando como seus inimigos. Podemos aos poucos implantar as mudanças que satisfazem melhor às nossas necessidades, e assim evitar essas críticas. Mas talvez também nos habituemos com a ideia de existirem dificuldades inerentes à sua essência da cultura, e que não cederão a nenhuma tentativa de reforma. Além dos esforços de restrição das pulsões, para os quais estamos preparados, somos ameaçados pelo perigo de um estado que podemos chamar de "a miséria psicológica das massas". A ameaça desse perigo é maior onde a ligação social ocorre principalmente pela identificação dos membros entre si, enquanto as lideranças individuais não alcançam a relevância que lhes caberia na formação das massas.[8] O atual estado da civilização cultural na América nos daria uma boa oportunidade de estudar esse tão temido dano à civilização. Mas eu tento não falar sobre a crítica da civilização na América, pois não quero dar a impressão de que pretendo me servir dos métodos americanos.

---

[8] Veja: *Massenpsychologie und Ich-analyse* (Psicologia de massas e análise do eu), 1921. (N.A.)

capítulo VI

Em nenhum trabalho anterior eu tive uma impressão tão forte quanto neste, de apresentar algo já conhecido, de gastar papel e tinta e em seguida mandar fazer o trabalho de tipografia e impressão, só para, na verdade, narrar coisas óbvias. Por isso, se parecer que o reconhecimento de uma pulsão especial e autônoma de agressividade representa uma mudança na teoria psicanalítica das pulsões, de bom grado falarei sobre o assunto.

Ficará demonstrado que isso não é bem assim, que se trata apenas de conceber mais precisamente uma mudança de rumo feita há muito tempo, e depois acompanhar suas consequências. De todas as partes da teoria analítica que se desenvolveram lentamente, a teoria das pulsões foi a que avançou de forma mais penosa. E ela era tão indispensável para o todo, que alguma coisa precisou ser colocada no seu lugar. Na total perplexidade inicial, a frase do filósofo e poeta Schiller[1] deu-me o primeiro suporte, ao afirmar que "a fome e o amor" mantém coesa a engrenagem do mundo. A fome poderia ser

---

[1] Johann Christoph Friedrich Von Schiller (1759-1805) foi médico, historiador, poeta e filósofo alemão. Ao lado de Goethe, Wieland e Herder, foi um dos principais representantes do romantismo alemão. Ver também a nota 14 na página 30. (N.T.)

a representante daquelas pulsões que visam manter a vida do indivíduo, enquanto o amor aspira ao objeto; sua função principal, favorecida de todas as formas pela natureza, é a manutenção da espécie. Primeiro defrontaram-se as pulsões do ego e as pulsões objetais. Para a energia das últimas, e exclusivamente para elas, introduzi o nome "libido"; assim, entre as pulsões do ego e as "libidinais" do amor, dirigidas ao objeto, a oposição ocorreu no sentido mais amplo. Uma dessas pulsões dirigidas ao objeto, a sádica, destacava-se pelo fato de seu objetivo não ser tão amoroso assim, e aparentemente também por ter se associado às pulsões do ego em alguns aspectos e não ter conseguido esconder seu parentesco com pulsões de dominação, sem propósitos libidinais. Mas conseguimos passar por cima dessas divergências; o sadismo[2] pertencia à vida sexual, o jogo cruel podia substituir o afetuoso. A neurose[3] surgiu como uma saída para a luta entre o interesse da autopreservação e as exigências da

---

[2] O sadismo é uma perversão sexual na qual o sujeito alega obter prazer erótico ao infligir dor ao seu objeto. Em seu texto *Drei Abhandlungen zur Sexualtheorie* (Três estudos sobre a teoria sexual) Freud fala dos "componentes de crueldade do instinto sexual", que se desenvolvem na segunda fase de desenvolvimento pré-genital. (N.T.)

[3] O termo neurose data da segunda metade do século XVIII, e originalmente se referia a uma doença dos nervos. Mais tarde, no século XIX, foi usado para descrever "desordens funcionais", isto é, doenças devidas a distúrbios funcionais do sistema nervoso acompanhadas de mudanças estruturais. Desde que Freud descobriu que uma das neuroses, a histeria, era uma desordem da personalidade e não dos nervos, o termo passou a descrever essas desordens que não são doenças do sistema nervoso. (Charles Rycroft. *Dictionary of Psychoanalysis*. Penguin Books, Nova York, 2ª edição, 1995) (N.T.)

libido, uma luta que o ego havia vencido, mas pagando o preço de pesados sofrimentos e renúncias. Todo analista admitirá que ainda hoje isso não soa como um equívoco há muito superado. Mas uma mudança foi imprescindível, quando nossa pesquisa avançou do oprimido até o opressor, das pulsões dirigidas ao objeto até o ego. No caso, foi decisiva a introdução do conceito de narcisismo,[4] isto é, a visão de que o ego está de fato imbuído de uma libido, de que ele chega a ser até mesmo o seu domicílio original, e de certo modo continua também sendo o seu quartel general. Essa libido narcísica dirige-se ao objeto, tornando-se assim uma libido objetal, que poderá voltar a se transformar na libido narcísica. O conceito de narcisismo tornou possível a compreensão da neurose traumática, e muitas afecções próximas às psicoses[5] puderam ser entendidas analiticamente. A interpretação

---

[4] O narcisismo deve seu nome à antiga lenda grega de Narciso, que ama a própria imagem, o seu próprio eu. A teoria clássica distingue entre o narcisismo primário, o amor por si mesmo, que precede o amor pelos outros, e o narcisismo secundário, que é o amor por si mesmo que resulta da introjeção e identificação com um objeto. (N.T.)

[5] Psicose é o termo usado para designar doenças mentais em que há uma perturbação da relação da libido com a realidade. A capacidade de distinção entre a fantasia e a realidade torna-se bastante restrita. O doente pode sofrer crises de alucinações e fantasias, nas doenças como a esquizofrenia, a paranoia, o distúrbio bipolar (antigamente chamado de psicose maníaco-depressiva) e outras. A diferença da psicose relativamente à neurose é que a primeira não é passível de um tratamento psicanalítico (o que atualmente é contestado em alguns círculos da psiquiatria) e pode ter causas orgânicas, geralmente no cérebro. Por isso a psiquiatria faz uma distinção entre *psicoses orgânicas e psicoses funcionais*, estas últimas quando não há evidências de lesões orgânicas. (N.T.)

das neuroses de transferência como tentativas do ego de reprimir a sexualidade não precisaria ser abandonada, mas o conceito de libido corria perigo. Como as pulsões do ego também eram libidinais, por um tempo pareceu inevitável que se fizesse a libido coincidir com a energia da pulsão em si, como C.G.Jung[6] já quis demonstrar anteriormente. Mas algo ficou para trás, talvez uma certeza ainda não fundamentada de que as pulsões não podem ser todas do mesmo tipo. Dei meu passo seguinte em *Além do princípio do prazer* (1920) quando, pela primeira vez, a ideia da compulsão de repetição e do caráter conservador da vida pulsional chamou a minha atenção. A partir das especulações sobre o início da vida e os paralelos biológicos, cheguei à conclusão de que, além da pulsão de conservar a substância viva e reunida em unidades cada vez maiores,[7] devia haver uma outra, contrária, que se esforçava para dissolver essas unidades e conduzi-las de volta ao estado inicial original, inorgânico. Portanto, além de Eros, haveria uma pulsão de morte; a partir da atuação conjunta de ambas e de uma contra a outra, era possível explicarem-se

---

[6] Carl Gustav Jung (1875-1961) psiquiatra suíço, discípulo de Freud. Porém houve um rompimento entre ambos, quando Jung abandonou os conceitos de Freud sobre a libido e a sexualidade. Mais tarde ele fundou a psicologia analítica, propôs e desenvolveu os conceitos de personalidade introvertida e extrovertida, inconsciente coletivo e arquétipos. (N.T.)

[7] É evidente a oposição que se estabelece entre a infatigável tendência de propagação do Eros e a natureza geral conservadora das pulsões, o que pode ser o ponto de partida para a formulação de outros problemas. (N.A.)

os fenômenos da vida. Não foi fácil demonstrar a atuação dessa suposta pulsão de morte. As manifestações de Eros eram suficientemente evidentes e ruidosas; mas quanto à pulsão de morte, podia-se supor que trabalhasse em silêncio no interior do ser vivo, pela sua dissolução, o que naturalmente não seria uma prova. Além disso, pode-se pensar que um componente da pulsão volta-se contra o mundo exterior, manifestando-se como uma pulsão de agressividade. Dessa forma, a própria pulsão seria forçada ao serviço de Eros, pois o ser vivo destruiria outros seres, tanto animados como inanimados, em vez de destruir a si mesmo. E, inversamente, a restrição dessa agressividade direcionada ao exterior aumentaria a autodestruição, sempre atuante. Ao mesmo tempo, a partir desse exemplo poderíamos concluir que os dois tipos de pulsão raramente — talvez nunca — aparecem separados um do outro, mas ligam-se em proporções muito diversas e variáveis, e assim tornam-se impossíveis de serem identificados. No sadismo, há muito conhecido como uma pulsão que faz parte da sexualidade, teríamos diante de nós esse tipo de ligação do desejo de viver com a pulsão de destruição, tão forte quanto em sua contrapartida, o masoquismo,[8] que é uma ligação entre a destruição direcionada para dentro

---

[8] O masoquismo é uma perversão sexual em que o sujeito alega sentir um prazer erótico com a dor, a humilhação, o sofrimento, produzidas nele por ele mesmo ou por outras pessoas. Em seu texto "*Das ökonomische Problem des Masochismus*" (O problema econômico do masoquismo) Freud distingue três tipos de masoquismo: o masoquismo erógeno, o feminino e o moral. (N.T.)

e a sexualidade, por meio da qual essa tendência, geralmente imperceptível, torna-se evidente e perceptível.

A admissão da pulsão de morte ou destruição encontrou resistência até nos círculos analíticos; eu sei que existe, de múltiplas formas, a tendência de se atribuir a uma bipolaridade original do próprio ser, tudo o que se considera perigoso e hostil no amor. No início eu defendi as concepções aqui desenvolvidas só de forma experimental, mas ao longo do tempo elas adquiriram um poder tão grande sobre mim, que agora não consigo mais pensar de outra maneira. Quero dizer, elas são, de forma desigual, teoricamente mais aproveitáveis do que todas as outras possíveis, pois apresentam, sem nenhum descuido ou deturpação dos fatos, aquela simplificação pela qual nos empenhamos tanto nos trabalhos científicos. Reconheço que no sadismo e no masoquismo sempre tivemos à nossa frente as expressões da pulsão de destruição fortemente ligadas ao erotismo, e dirigidas para fora e para dentro, porém não entendo por que não conseguimos perceber a onipresença da agressividade e da destruição não eróticas, e por que perdemos a oportunidade de lhes conferir o devido lugar na interpretação da vida. (A ânsia de destruição voltada para dentro, quando não tem nuances eróticas, geralmente subtrai-se à percepção. Lembro-me da minha própria resistência, quando a ideia da pulsão de destruição surgiu pela primeira vez na literatura psicanalítica, e quanto tempo se passou até eu me tornar receptivo a ela. O fato de outros terem demonstrado e ainda demonstrarem a mesma rejeição, espanta-me ainda menos. Pois nem as criancinhas gostam de ouvir quando se menciona a inclinação inata das pessoas ao "mal", à agressividade, à destruição, e com isso também à crueldade. Afinal, Deus criou-as à semelhança de sua própria perfeição, e não queremos ser lembrados de como é difícil vincular — apesar das asseverações da Ciência Cristã[9] — a inegável existência do mal à onipotência ou à bondade universal de Deus. Para justificar este último, o demônio seria a melhor das explicações, pois com isso ele assumiria o mesmo papel expiatório que o judeu assumiu no mundo do ideal ariano. Mesmo assim, podemos pedir satisfações a Deus sobre existência do demônio, como também pelo mal que ele encarna. Em vista dessas dificuldades é aconselhável que, no lugar adequado, todos façam uma profunda reverência diante da natureza intensamente moral do homem; isso os ajudará a obter uma estima geral, e muita coisa lhes será desculpada.[10]

---

[9] Ciência Cristã, ou *Christian Science*, é um movimento religioso fundado por Mary Baker Eddy (1821-1910) no ano de 1866, na cidade de Boston, Massachussets. O propósito do movimento era "restabelecer o cristianismo primitivo e seu elemento de cura, que haviam se perdido." (N.T.)

[10] Especialmente convincente é o efeito da identificação do princípio do mal com o instinto de destruição, no Mefistófeles de Goethe:

"Tudo que vem a ser
É digno só de perecer
...
Por isso, tudo a que chamais
Pecado, destruição, o mal
É meu elemento, integral.

Por outro lado, a palavra libido pode ser usada para as manifestações de força de Eros, para distingui-las da energia da pulsão de destruição.[11] Devemos confessar que é difícil entendermos a pulsão de destruição, de certo modo apenas a pressentimos por trás de Eros como um resíduo que se esquiva de nós, quando ela não é percebida pela sua ligação com Eros. É no sadismo, onde essa pulsão de destruição desvirtua o objetivo erótico colocando-o a seu favor, porém satisfazendo plenamente o anseio sexual, que conseguimos ter uma visão mais clara de sua essência e sua relação com Eros. Mas quando ela aparece sem um propósito sexual, na mais cega fúria destrutiva, podemos reconhecer que sua satisfação está ligada a um prazer narcísico extraordinariamente forte, quando mostra ao ego a realização de seus antigos desejos de onipotência. Moderada e domada, e ao mesmo tempo com a meta inibida, a pulsão de destruição dirigida aos objetos precisa prover ao ego a satisfação de suas necessidades vitais e

---

....
Da terra, da água, e mais dos ares
Brotam os germes aos milhares
No seco, frio úmido, quente!
Se não me fosse a chama reservada
Para mim não restaria nada."

Fausto I, cena 3, tradução de Jenny Klabin Segall, São Paulo, editora 34, 2007. (N.A.)

[11] Nossa concepção atual pode ser mais ou menos expressa pela frase em que se diz que a libido participa de toda expressão pulsional, mas que nem tudo nela é libido. (N.A.)

o domínio sobre a natureza. Como a hipótese de sua existência baseia-se essencialmente em razões teóricas, devemos reconhecer que ela também não está totalmente assegurada contra as objeções teóricas. Mas é assim que isso nos parece agora, no estado atual do nosso conhecimento; pesquisas e reflexões futuras certamente nos proporcionarão uma clareza decisiva.

Portanto, para todo o resto, o meu ponto de vista é que a inclinação à agressividade é uma inclinação passional autônoma e primitiva do homem, e volto a dizer que a civilização encontra nela o seu mais forte impedimento. Em algum momento no curso dessa pesquisa, impôs-se a nós a ideia de que a cultura seria um processo especial que ocorre na humanidade, e que nós continuamos sob o sortilégio dessa ideia. Acrescentamos a isso que ela seria um processo a serviço de Eros, que visa reunir em primeiro lugar os indivíduos humanos, depois as famílias, as tribos, os povos, as nações, agregando todos numa grande unidade, ou seja, a humanidade inteira. Não sabemos por que isso deve acontecer, na verdade essa é uma obra de Eros. Essas grandes quantidades de pessoas precisam ser ligadas pela libido, pois apenas a necessidade e as vantagens do trabalho comunitário não as manterão unidas. Porém a natural pulsão humana de agressividade, a hostilidade de um contra todos e de todos contra um, contrariam esse programa da civilização. Essa pulsão de agressão é a descendente e principal representante daquela pulsão de morte que encontramos ao lado de Eros, compartilhando o seu domínio do mundo. E então, digo eu, o sentido do desenvolvimento da civilização não está mais tão obscuro. Ele precisa nos mostrar o combate entre Eros e a morte, entre a pulsão de vida e a de destruição, do modo como ele se processa na espécie humana. Esse combate é o conteúdo mais essencial da vida em geral, e por isso o desenvolvimento da civilização é simplesmente designado como a luta vital da espécie humana.[12] E pensar que as nossas babás pretendem atenuar essa briga de gigantes com a "canção de ninar do céu!"[13]

---

[12] Provavelmente com a especificação de como ele deveria se configurar a partir de um determinado evento, ainda a ser revelado. (N.A.)

[13] No original alemão *Eiapopeia vom Himmel*, é uma canção de ninar baseada num poema de Heinrich Heine (veja nota 1 na página 91). Ela faz parte da sua obra *Deutschland. Ein Wintermärchen* (Alemanha, um conto de fadas de inverno). (N.T.)

capítulo VII

Por que nossos parentes, os animais, não apresentam nenhum embate como esse? Não sabemos. Provavelmente alguns deles, como as abelhas, as formigas, os cupins, lutaram por milênios até chegarem a essas organizações estatais, essa distribuição de funções, essas restrições aos indivíduos, que atualmente admiramos tanto. Uma característica de nosso estado atual é o sentimento de que não ficaríamos felizes em nenhuma dessas organizações estatais dos animais, e em nenhum dos papéis ali distribuídos aos indivíduos. Em outras espécies de animais, as coisas devem ter chegado a um equilíbrio temporário entre as influências do meio ambiente, os instintos em luta dentro deles, e assim a uma paralisia de seu desenvolvimento. No homem primitivo, um novo avanço da libido deve ter atiçado uma nova resistência da pulsão de destruição. Há muitas perguntas no ar para as quais ainda não temos respostas.

Uma outra pergunta nos é mais próxima. Quais os meios que a cultura utiliza para inibir a agressividade que lhe é contraposta, torná-la inofensiva, e talvez até eliminá-la? Alguns desses métodos nós já conhecemos, porém talvez o mais importante deles ainda não. Podemos estudá-los na história do desenvolvimento de cada indivíduo. O que acontece com ele, para que sua agressividade se torne inofensiva? Acontece algo muito estranho, que não podemos adivinhar, mesmo assim está bem perto de nós. A agressividade é introjetada, interiorizada, mas na verdade é enviada de volta para o lugar de onde veio, portanto, dirigida contra o próprio ego. Ali ela é assumida por uma parte do ego que se contrapõe ao resto como um superego,[1] exercendo contra o ego, como "consciência", a mesma forte predisposição à agressividade que ele teria preferido liberar contra indivíduos estranhos. A essa tensão, entre o rigoroso superego e o ego submisso a ele, nós damos o nome de consciência de culpa; ela se expressa como uma necessidade de punição. Portanto, a civilização controla a perigosa agressividade do indivíduo na medida em que o enfraquece, desarma, e o vigia por meio de uma instância em seu interior, semelhante às tropas que ocupam uma cidade conquistada.

A respeito do surgimento do sentimento de culpa, o analista pensa de um modo diferente dos psicólogos em geral; para ele também não é fácil prestar contas sobre isso. Primeiro, quando perguntamos como alguém chega a ter um sentimento de culpa, obtemos uma resposta incontestável: nós nos sentimos culpados (os devotos dizem: pecadores) quando fazemos algo que reconhecemos como "mau". Então percebemos como essa resposta é pouco esclarecedora. Talvez, depois de hesitar por

---

[1] Ver a nota 7 na página 39. (N.T.)

algum tempo, acrescentamos que alguém pode se considerar culpado mesmo quando não fez o mal, mas apenas reconhece em si a intenção de fazê-lo; então perguntamos por que, no caso, a intenção tem o mesmo peso da ação. Porém nos dois casos se pressupõe que já reconhecemos o "mal" como reprovável, como algo que deve ser excluído da nossa prática. Como chegamos a essa decisão? Podemos rejeitar, por assim dizer, a existência da capacidade original e natural de diferenciação entre o bem e o mal. Frequentemente o mal nem é prejudicial ou perigoso para o ego, pelo contrário, ele também pode ser algo que lhe é desejável, que lhe dá prazer. Nisso fica evidente a influência dos outros, determinando o que deve ser chamado de bem ou mal. Como a sua própria percepção não o teria conduzido pelo mesmo caminho, o homem precisa ter um motivo para se submeter a essa influência estranha. Isso é fácil de descobrir, nesse seu desamparo e dependência dos outros; no melhor dos casos pode ser definido como medo da perda amorosa. Quando perde o amor do outro, do qual é dependente, ele perde também a proteção contra muitos perigos, expõe-se sobretudo ao risco de que esse outro superpoderoso lhe prove a sua superioridade na forma de uma punição. Portanto, inicialmente o mal é a ameaça da perda amorosa; o medo dessa perda nos leva a evitar esse mal. Por isso, pouco importa se já fizemos o mal ou se ainda pretendemos fazê-lo; em ambos os casos o perigo só aparece quando a autoridade descobre nossas intenções, e em ambos os casos ela se comportaria de modo semelhante.

Chamamos esse estado de "consciência pesada". Na verdade, ele não merece esse nome, pois nesse patamar a consciência de culpa é apenas medo da perda amorosa, um medo "social". Em se tratando da criança pequena isso não pode ser diferente, mas também no caso de muitos adultos nada muda, a não ser que o lugar do pai ou de ambos os pais seja assumido pela comunidade humana mais ampla. Por isso eles se permitem praticar o mal regularmente, quando ele lhes promete vantagens, quando têm certeza de que a autoridade não ficará sabendo de nada ou não conseguirá apanhá-los, e seu medo é apenas o de serem descobertos.[2] É com essa situação que geralmente a sociedade de nossos dias precisa contar.

Uma grande mudança só acontece quando a autoridade é internalizada pelo surgimento de um superego. Com isso os fenômenos da consciência passam a um novo patamar e, no fundo, só então deveríamos falar de consciência e sentimento de

---

[2] Lembremos do famoso mandarim de Rousseau! (N.A.)

Freud se refere à obra de Balzac, "*Pére Goriot*", em que há uma referência a um trecho da obra de Rousseau, onde este pergunta o que o leitor faria se permanecendo em Paris, pudesse matar um velho mandarim em Pequim, apenas por meio de um ato de vontade. Com isso ele nos faz entender que não considera a vida do mandarim muito segura. A expressão passou a significar a predisposição secreta a esse ato. (N.T.)

culpa.[3] Nesse caso o medo de ser descoberto desaparece, e também a diferença entre fazer o mal e querer o mal, pois nada pode ser ocultado do superego, nem mesmo os pensamentos. Na verdade, o momento crítico da situação já passou, pois acreditamos que a nova autoridade, o superego, não tem motivos para maltratar o ego, ao qual está intimamente ligado. Mas a influência da gênese, permitindo a continuação na vida daquilo que passou e já foi superado, expressa-se no sentido de fazer com que tudo permaneça como era no início. O superego atormenta o ego pecador com as mesmas sensações de medo, e fica à espreita em busca de oportunidades para permitir que ele seja punido pelo mundo exterior.

Nesse segundo estágio de desenvolvimento, a consciência apresenta uma peculiaridade inexistente no primeiro, não tão fácil de ser explicada. É que, quanto mais virtuoso for o indivíduo, tanto mais rígido e desconfiado será o comportamento da sua consciência, de modo que, no final, são justamente os mais santos que se culpam pelos piores pecados. Com isso a virtude perde uma parte da recompensa que lhe foi prometida, o ego dócil e reservado não desfruta mais da confiança de seu mentor, e ao

---

[3] Toda pessoa sensata entenderá e levará em conta que, nessa clara apresentação, foi separado o que na realidade ocorre em passagens fluidas, e que não se trata apenas da existência de um superego, mas de sua força relativa e sua esfera de influência. Tudo que se mencionou até agora sobre a consciência e a culpa é amplamente conhecido e quase incontestado. (N.A.)

que parece, esforça-se inutilmente em conquistá-la. Então se poderá argumentar que essas seriam dificuldades construídas artificialmente. A consciência mais rigorosa e vigilante seria o traço mais marcante do homem moral, e quando os santos se mostram pecadores não o fazem sem razão, alegando estarem, em grande medida, submetidos às tentações de satisfação das suas pulsões. Isso porque sabidamente as tentações crescem diante da constante negação, enquanto numa eventual satisfação, pelo menos elas se reduzem temporariamente. Outro fator no âmbito da ética, já com tantos problemas, é que a adversidade, portanto, a negação vinda do exterior, estimula demais o poder da consciência sobre o superego. Quando o ser humano se sente bem, a sua consciência também se torna branda e permite muitas coisas ao ego; quando ele sofre um infortúnio, faz um exame de consciência, reconhece sua pecaminosidade, aumenta o nível de exigências de sua consciência, impõe restrições a si mesmo e se pune com penitências.[4] Povos inteiros comportaram-se assim, e comportam-se ainda hoje

---

[4] Essa promoção da moral por meio da adversidade foi tratada por Mark Twain numa deliciosa historinha: *The first melon I ever stole*. (O primeiro melão que roubei). Por acaso esse primeiro melão não estava maduro. Ouvi Mark Twain contar essa história pessoalmente. Depois que mencionou o seu título, ele se deteve, perguntando-se hesitante: *"Was it the first?"* (Foi o primeiro?). Com isso ele disse tudo. Portanto, o primeiro não foi o único. (N.A.)

Samuel Langhorne-Clemens, de pseudônimo Mark Twain (1835-1910) foi um escritor e humorista norte-americano, muito popular entre o público juvenil. Dois de seus maiores sucessos literários foram *As aventuras de Tom Sawyer* e *As aventuras de Huckleberry Finn*. (N.T.)

dessa maneira. Isso se explica facilmente a partir do estágio infantil original da consciência, que, portanto, não é abandonado após a introjeção no superego, mas continua existindo ao seu lado e atrás dele. O destino é visto como substituto da instância paterna; quando temos uma má sorte, isso significa que não somos mais amados por esse poder supremo, e, ameaçados por essa perda do amor, inclinamo-nos novamente diante do representante dos pais, o superego, que negligenciamos nos tempos de boa sorte. Isso se torna especialmente claro quando, num sentido religioso mais rigoroso, enxergamos no destino apenas a expressão da vontade divina. O povo de Israel considerava-se o filho dileto de Deus, e quando o grande Pai permitiu que desgraça após desgraça recaísse sobre esse seu povo, este não ficou desorientado em relação a isso nem duvidou do poder e da justiça divinas, mas criou os profetas, que lhe fizeram ver sua pecaminosidade, e assim, a partir da sua consciência de culpa, estabeleceu as rígidas leis da sua religião sacerdotal. É mesmo muito estranho como o comportamento do homem primitivo era diferente do atual! Quando era acometido pela má sorte ele não assumia a culpa, e em vez de castigar a si mesmo ele surrava o fetiche, que, ao que tudo indica, não tinha feito sua obrigação.

Portanto, conhecemos duas origens desse sentimento de culpa: uma é o medo da autoridade, e a outra, posterior, é o medo do superego. A primeira implica na obrigatória renúncia à satisfação das pulsões, a segunda na obrigatória punição, pois não conseguimos esconder do superego a contínua presença dos desejos proibidos. Também vimos como podemos entender o rigor do superego, ou seja, a exigência da consciência. Ela simplesmente dá prosseguimento ao rigor da autoridade externa, que é sucedida e parcialmente substituída por ela. Então podemos observar qual é a relação entre a renúncia às pulsões e a consciência de culpa. Originalmente a renúncia à satisfação das pulsões era consequência do medo diante da autoridade externa; para não perder seu amor, renunciamos a essa satisfação. Com essa renúncia ficamos, por assim dizer, quites com essa autoridade, e não deveria restar mais nenhum sentimento de culpa em nós. É diferente no caso do medo que sentimos do superego. Nesse caso, a renúncia à satisfação das pulsões não é suficiente, pois o desejo continua existindo e não pode ser escondido do superego. Portanto, apesar da renúncia bem-sucedida, aparece um sentimento de culpa que constitui uma grande desvantagem econômica na instituição do superego, ou, como podemos dizer, na formação da consciência. A renúncia à satisfação das pulsões deixa de ter um efeito totalmente libertador, a virtuosa retração não é mais recompensada pela certeza do amor. Trocamos uma desgraça que nos ameaça de fora — a perda do amor e o castigo por parte da autoridade externa — por uma constante infelicidade interior, a tensão da consciência de culpa.

Essas condições são tão intrincadas e ao mesmo tempo tão importantes, que, apesar do risco de repeti-las, quero considerá-las de outro ângulo. Portanto, a sequência temporal seria a seguinte: primeiro, a renúncia à satisfação das pulsões em consequência do medo de uma agressão da autoridade externa — o que resulta no medo da perda do amor que protege contra essa agressão punitiva — depois, o estabelecimento da autoridade interna, a renúncia à satisfação das pulsões em consequência do medo dessa autoridade, o medo da consciência. No segundo caso, há uma equivalência da má ação e da má intenção, daí a consciência de culpa, a necessidade do castigo. A agressividade da consciência conserva a agressividade da autoridade. Até agora está tudo claro, mas onde será que restou um espaço para a influência da infelicidade (da renúncia imposta externamente) sobre a consciência, para esse extraordinário rigor da consciência nos indivíduos melhores e mais dóceis? Já explicamos o teor das duas especificidades da consciência, mas provavelmente ainda permaneceu a impressão de que essas explicações não esgotaram o assunto, de que alguma coisa ainda ficou em aberto. E nesse caso, surge finalmente uma ideia muito própria da psicanálise e alheia ao pensamento comum das pessoas. Ela é de um tipo que nos permite entender porque o objeto nos pareceu tão intrincado e pouco transparente. Pois ela afirma que no início a consciência (ou melhor, o medo que depois se torna consciência) é a causa da renúncia à satisfação das pulsões, porém posteriormente a relação se inverte. Cada renúncia dessas torna-se uma fonte dinâmica da consciência, e a cada nova renúncia aumenta o seu rigor e a sua intolerância. E se pudéssemos estabelecer uma melhor sintonia com a nossa já bem conhecida história do surgimento da consciência, ficaríamos tentados a reconhecer a afirmação paradoxal de que a consciência é a consequência da renúncia à satisfação das pulsões; ou, essa renúncia (que nos é imposta de fora) cria a consciência, que depois exigirá outras renúncias.

Na verdade a contradição dessa frase nem é tão grande assim na gênese da consciência, e até vislumbramos um caminho para reduzi-la mais ainda. Visando facilitar a explicação, escolhemos o exemplo da pulsão de agressão, e supomos que nessas condições sempre se trata de uma renúncia à agressividade. Naturalmente esta deve ser apenas uma suposição provisória. Então o efeito dessa renúncia sobre a consciência ocorre da seguinte forma: cada porção de agressão que deixamos de liberar é assumida pelo superego, aumentando o seu grau de agressividade (contra o ego). Isso nada tem a ver com o fato da agressividade original da consciência ser a continuação do rigor da autoridade externa, portanto, nada tem a ver com a renúncia. Mas podemos acabar com essa divergência se adotarmos outra derivação para essa primeira provisão de agressividade do superego. A criança deve ter desenvolvido uma forte inclinação à agressividade contra a autoridade que impediu as suas primeiras e mais significativas liberações das pulsões, sem que seja considerada a natureza delas. Forçada pelas circunstâncias, a criança precisou renunciar à liberação dessa agressividade vingativa. Nessa difícil situação econômica ela se defende, usando mecanismos conhecidos, acolhendo, por meio da identificação, essa intocável autoridade que então se torna o superego, e tomando posse de toda agressividade que ela, quando criança, gostaria de ter utilizado contra essa autoridade. O ego da criança deve se satisfazer com o triste papel da autoridade — do pai — assim inferiorizada. Trata-se de uma inversão da situação, como ocorre com frequência. "Se eu fosse o pai e você o filho, eu o trataria mal". A relação entre o superego e o ego é o retorno, desfigurado pelo desejo, das relações reais entre o ego ainda não dividido e um objeto externo. Isso também é típico. Mas a principal diferença é que o rigor original do superego não é — ou não é tanto — aquele que experimentamos ou lhe atribuímos, porém o que representa nossa própria agressividade contra ele. Se isso de fato ocorre, podemos realmente afirmar que no início a consciência surgiu por causa da repressão de uma agressão, fortalecendo-se, ao longo do processo de desenvolvimento, por meio de novas repressões.

Qual das duas concepções está correta? A anterior, que nos pareceu geneticamente tão incontestável, ou a mais recente, que arredonda a teoria de um modo tão bem-vindo? Ao que tudo indica e também de acordo com a observação direta, ambas estão corretas; elas não se contradizem, até coincidem em um ponto, pois a agressão vingativa da criança será determinada também pela medida da agressão punitiva que ela espera do pai. Mas a experiência nos ensina que o rigor do superego desenvolvido pela criança, de modo algum reflete o rigor do tratamento que ela recebeu.[5] Ele parece ser independente, pois uma criança pode até desenvolver uma consciência muito rigorosa, apesar de ter tido uma educação bastante branda. Também seria incorreto exagerarmos essa independência; não é difícil nos convencermos de que o rigor da educação também exerce uma forte influência sobre a formação do superego infantil. Além disso, na formação do superego e no surgimento da consciência há uma atuação conjunta de fatores constitucionais inatos e influências do meio real. Isso não é, de modo algum,

---

[5] Assim como foi enfatizado por Melanie Klein e outros autores ingleses. (N.A.)

Melanie Klein (1882-1960) psicanalista austríaca pós-freudiana começou sua carreira sob orientação de Sandor Ferenczi (ver a nota 5 na página 19), que a encorajou a desenvolver seu trabalho psicanalítico com crianças. (N.T.)

surpreendente, é apenas a condição etiológica geral de todos esses processos.⁶

Podemos também dizer que, quando a criança reage às primeiras grandes repressões das pulsões com uma agressividade muito forte e o correspondente rigor do superego, ela está seguindo um modelo filogenético⁷ e indo além da reação justificada do presente, pois o pai do passado certamente foi terrível, e a ele poderíamos atribuir uma medida de agressividade extrema. Portanto, as diferenças entre as duas concepções da gênese da consciência reduzem-se mais ainda, quando passamos da história do desenvolvimento individual à filogenética. Além disso, nesses dois processos aparece outra

---

⁶ Na sua obra "*Psychoanalyse der Gesamtpersönlichkeit*" (Psicanálise da personalidade integral) de 1927, Fr. Alexander reconheceu, de forma adequada, os dois principais tipos de métodos patogênicos de educação, o rigor excessivo e o mimo excessivo, em complementação ao estudo de Aichhorn sobre o abandono. O pai "excessivamente brando e indulgente" dá ensejo a que o filho desenvolva um superego muito rigoroso, porque, sob a impressão do amor que recebe, a criança não tem outra saída para sua agressividade a não ser dirigi-la para dentro. No caso da criança abandonada, que foi educada sem amor, não existe a tensão entre o ego e o superego, toda a sua agressividade pode se dirigir para fora. Portanto, se deixarmos de olhar para um suposto fator constitucional, podemos dizer que a consciência rigorosa surge a partir do efeito conjunto de duas influências da vida, a negação da pulsão que libera a agressividade, e a experiência do amor, que direciona essa agressão para dentro e a transfere ao superego (N.A.)

Franz Gabriel Alexander (1891-1964) psicanalista e médico, desenvolveu o estudo da psicossomática e foi um dos fundadores da criminologia psicanalítica. (N.T.)

August Aichhorn (1878-1949) pedagogo e psicanalista austríaco. O estudo mencionado acima faz parte de uma das suas palestras, de um conjunto de onze, sobre a educação. (N.T.)

⁷ Ver a nota 6 na página 80. (N.T.)

diferença significativa. Não devemos deixar de lado a suposição de que o sentimento de culpa da humanidade tem sua origem no complexo de Édipo, e foi adquirido na ocasião do assassinato do pai pelo bando de irmãos. Nesse caso a agressão não foi reprimida, mas liberada; trata-se da mesma agressão que, quando reprimida na criança, é a fonte do seu sentimento de culpa. Então eu não ficaria admirado se um leitor exclamasse, raivoso: "Portanto, é totalmente indiferente se matamos o pai ou não, porque de todo modo ficamos com o sentimento de culpa! Nesse caso podemos nos permitir algumas dúvidas. Ou está errado que o sentimento de culpa provém das agressões reprimidas, ou toda essa história do assassinato do pai é apenas um romance de ficção, e os humanos primitivos não matavam seus pais com mais frequência do que os de hoje. Aliás, se tudo isso não é um romance de ficção mas uma história plausível, teríamos um caso em que ocorre o que todos esperam, ou seja, um sentimento de culpa por fazer algo que realmente não se justifica. E para esse caso, que afinal ocorre todos os dias, a psicanálise nos ficou devendo uma explicação."

Isso é verdade e deve ser revisto. E também não é nenhum segredo especial. Quando temos um sentimento de culpa depois de cometermos um delito, e porque o cometemos, então na verdade esse sentimento deve ser chamado de *arrependimento*. Ele se refere apenas a uma ação, e naturalmente pressupõe que antes da ação já existia uma *consciência*, ou seja, a predisposição a se sentir culpado.

Portanto, um arrependimento desse tipo nunca poderá nos ajudar a encontrar a causa da consciência e do sentimento de culpa. Esses casos cotidianos geralmente se desenvolvem quando a necessidade da pulsão adquire força para se satisfazer, apesar da consciência também de força limitada, e, com o enfraquecimento natural da necessidade, a antiga relação de forças é restaurada. Portanto, a psicanálise tem razão em excluir dessas discussões o caso do sentimento de culpa por arrependimento, por mais frequente que seja sua ocorrência e por maior que seja o seu significado prático.

Mas se o sentimento humano de culpa remonta ao assassinato do pai primitivo, ele foi de fato um caso de "arrependimento"; será que então, na época, não havia o pressuposto da existência da consciência e do sentimento de culpa anteriores à ação? E de onde veio o arrependimento? Certamente esse caso deve nos esclarecer o mistério do sentimento de culpa e colocar um fim em nossos apuros. E, quero dizer, ele o faz de fato. Esse arrependimento foi o resultado da primitiva ambivalência inicial do sentimento pelo pai, pois os filhos o odiavam, mas também o amavam; depois que o ódio foi liberado por meio da agressão, o amor veio à tona no arrependimento da ação, estabeleceu o superego pela identificação com o pai, conferiu-lhe o poder do pai como castigo pela agressão a ele dirigida e criou as restrições que deveriam impedir uma repetição da ação. E como a inclinação à agressão contra o pai se repetiu nas gerações seguintes, o sentimento de culpa também persistiu e fortaleceu-se de novo com cada agressão reprimida e transmitida ao superego. Então, penso eu, finalmente entendemos as duas coisas claramente, o papel do amor no surgimento da consciência e a fatídica inevitabilidade do sentimento de culpa. De fato, não é decisivo se matamos o pai ou se evitamos fazê-lo, em ambos os casos devemos nos sentir culpados, pois o sentimento de culpa é a expressão do conflito da ambivalência da eterna luta entre Eros e a pulsão de destruição ou de morte. Esse conflito é atiçado tão logo a tarefa de viver em comunidade é imposta aos homens; enquanto essa vida em comum conhece apenas a configuração familiar, ele precisa se expressar no complexo de Édipo, introduzir a consciência e criar o primeiro sentimento de culpa. Quando se tenta ampliar essa comunidade, o mesmo conflito continua sob formatos que dependem do passado, é fortalecido, e tem como consequência um aumento do sentimento de culpa. Como a cultura obedece a um impulso erótico interno, que visa reunir as pessoas em uma massa fortemente interligada, ela só consegue atingir esse objetivo no caminho de um fortalecimento crescente do sentimento de culpa. O que foi iniciado com o pai, completa-se na massa. Se a cultura é o necessário curso do desenvolvimento da família à humanidade, então, o que está indissoluvelmente ligado a ela como consequência do conflito inato da ambivalência, da eterna contenda entre amor e impulso à morte, é o grande aumento do sentimento de culpa, atingindo dimensões que o indivíduo acha difícil suportar. Lembremos do emocionante desabafo do grande poeta contra os "poderes celestiais":

"Vós o arremessais à vida,
Vós o tornais culpado
Depois o abandonais à dor
Pois toda a culpa se paga na Terra!"[8]

E podemos até respirar aliviados ao percebermos que alguns indivíduos são agraciados com o privilégio de conseguir extrair com certa facilidade, de dentro do turbilhão dos próprios sentimentos, as percepções mais profundas, para as quais nós temos de abrir caminho através de uma dolorosa insegurança, sempre tateando, confusos.

---

[8] Goethe, *Lieder des Harfners* (Canções do harpista). Trad. Celeste Ribeiro de Souza, do ensaio "Goethe und Wir" (Goethe e nós) de Charlotte Fischer, in Serra Post Kalender, Ijuí, Ulrich Löw, 1949, p. 60-73. (N.T.)

capítulo VIII

Chegando ao fim desse caminho, o autor precisa pedir desculpas aos seus leitores, por não ter sido um guia mais hábil e não lhes ter poupado a experiência de passar por trechos áridos e desvios penosos. Não há dúvida de que podemos melhorar isso. Tentarei reparar algumas coisas posteriormente.

No momento, suponho que os leitores tiveram a impressão de que as discussões sobre o sentimento de culpa extrapolaram o contexto deste estudo, ao ocuparem um espaço extenso demais e empurrarem para as margens o conteúdo restante, com o qual essas discussões nem sempre estão mais intimamente relacionadas. Isso pode ter atrapalhado a construção do estudo, mas corresponde ao propósito de apresentar o sentimento de culpa como o problema mais importante do desenvolvimento cultural, e demonstrar que o preço pelo progresso da cultura é pago com o aumento desse sentimento de culpa, em detrimento da felicidade.[1] O que nesta frase, resultado final

---

[1] "Assim a consciência nos torna a todos covardes...". Que ela esconda ao jovem qual o papel que a sexualidade terá em sua vida, não é a única crítica que devemos fazer à educação de hoje. Além disso, ela peca ao não prepará-lo para a agressividade da qual será alvo. Ao soltar

da nossa pesquisa, ainda soa de forma estranha, provavelmente remonta à excepcional e ainda bastante incompreendida relação do sentimento de culpa com a nossa consciência. Nos casos comuns de arrependimento, considerados normais por nós, isso se torna claramente perceptível para a consciência; afinal, estamos acostumados a falar em "sentimento de culpa" em vez de "consciência de culpa". No estudo das neuroses, ao qual devemos as mais valiosas pistas para a compreensão do que é normal, aparecem condições contraditórias. Em uma dessas afecções, a neurose obsessiva, o sentimento de culpa impõe-se enfaticamente à consciência, domina o quadro patológico e também a vida dos doentes, não permitindo a presença de mais nada junto a ele. Mas, na maioria dos outros casos e formas de neurose ele permanece totalmente inconsciente, sem por isso deixar de mostrar efeitos significativos. Os doentes não acreditam em nós,

---

os jovens na vida com uma orientação psicológica tão incorreta, essa educação se comporta como alguém que arruma uma mala cheia de roupas de verão e mapas dos lagos do norte da Itália para o participante de uma expedição ao Pólo Norte. Nisso torna-se evidente um certo desvio na aplicação das exigências éticas. O rigor das mesmas não seria muito prejudicial, se a educação afirmasse: "Assim é que as pessoas deveriam ser para se sentirem felizes e fazer os outros felizes; mas devemos considerar o fato de que elas não são assim". Em vez disso, deixamos o jovem acreditar que todos os outros cumprem as prescrições éticas, portanto, são virtuosos. Com isso justificamos a exigência de que ele também seja assim. (N.A.)

A frase acima: "Assim a consciência nos torna a todos covardes..." é do famoso monólogo "ser ou não ser" da 1ª. cena do 3º. ato da peça de teatro *Hamlet*, do dramaturgo inglês William Shakespeare. (Ver nota 5 na página 62) (N.T.)

quando lhes atribuímos um "sentimento de culpa inconsciente". Para sermos só minimamente compreendidos por eles, falamos de uma necessidade inconsciente de punição, na qual o sentimento de culpa se expressa. Mas a relação com uma forma específica de neurose não deve ser superestimada; na neurose obsessiva também existem doentes que não têm consciência do seu sentimento de culpa, ou apenas têm a percepção dele como um mal-estar inquietante, uma espécie de angústia, quando são impedidos de realizar determinadas ações. Deveríamos finalmente poder entender essas coisas, mas ainda não o conseguimos. Talvez nesse caso seja bem-vinda a observação de que o sentimento de culpa nada é além de uma subespécie do medo, que, em suas fases posteriores, coincide totalmente com o *medo que se sente diante do superego*. E em relação à consciência, a angústia mostra as mesmas extraordinárias variações. De algum modo a angústia se esconde atrás de todos os sintomas, mas ora monopoliza ruidosamente a consciência, ora se esconde tão completamente, que sentimos a necessidade de falar de uma angústia inconsciente, ou — se quisermos uma consciência psicológica mais pura, quando então, sim, a angústia será apenas uma sensação — falaremos de várias possibilidades de angústia. E por isso é bem provável que a consciência de culpa produzida pela cultura não seja reconhecida como tal, permanecendo em grande parte inconsciente ou se apresentando como um mal-estar, uma insatisfação, para a qual procuramos outra motivação. Pelo menos as religiões nunca negaram o papel do sentimento de culpa na cultura. Elas também pretendem (o que eu não havia levado em conta em outro texto)[3] salvar a humanidade desse sentimento de culpa que chamam de pecado. A partir do modo como essa salvação é alcançada no cristianismo, por meio do sacrifício da vida de um único indivíduo, que assim assume a culpa comum a todos, imaginamos qual poderia ter sido o primeiro ensejo para a aquisição dessa culpa original, com a qual também se iniciou a cultura.[4]

Talvez não seja muito importante, mas não será supérfluo explicarmos o significado de algumas palavras como: superego, consciência, sentimento de culpa, necessidade de punição, arrependimento, palavras que usamos de uma forma muito solta e trocando umas pelas outras. Todas se referem à mesma coisa, porém designam aspectos diferentes da mesma coisa. O superego é uma instância definida por nós, a consciência é uma função que atribuímos a ele, e que, ao lado de outras, deve vigiar e julgar as ações e propósitos do ego, exercendo uma função de censura. Portanto, o sentimento de culpa, a dureza do superego, é o mesmo que o rigor da consciência, é a percepção do ego de estar sendo vigiado. A avaliação da tensão entre os esforços do ego e as demandas do superego, o medo (que está na base

---

[3] Quero dizer: *Die Zukunft einer Illusion* (O futuro de uma ilusão). (N.A.)

[4] *Totem und Tabu* (Totem e Tabu) (1912). (N.A.)

de toda essa relação) diante dessa instância crítica, a necessidade de punição, é a expressão de uma pulsão do ego que se tornou masoquista sob a influência do sádico superego, isto é, utiliza uma parte da pulsão de destruição interna existente nele para estabelecer uma ligação erótica com o superego. Não deveríamos falar da consciência antes de conseguirmos provar a existência do superego; quanto à consciência de culpa, devemos reconhecer sua existência anterior ao superego, portanto, também anterior à consciência. A imediata expressão do medo diante da autoridade externa, o reconhecimento da tensão entre o ego e esta última, são descendentes diretos do conflito entre a necessidade do amor dessa autoridade e a ânsia de satisfação da pulsão, cuja repressão produz a tendência à agressão. A sobreposição dessas duas camadas de sentimento de culpa — uma do medo diante da autoridade externa e outra diante da autoridade interna — dificultou para nós uma visão das relações da consciência. "Arrependimento" é uma designação geral da reação do ego no caso de um sentimento de culpa, ele contém o material pouco transformado das sensações de angústia atuantes por trás dele, é ele mesmo um castigo e pode incluir a necessidade do castigo; portanto, também pode ser mais antigo do que a consciência.

Também não nos fará mal algum se recapitularmos as contradições que nos confundiram por algum tempo em nossa pesquisa. O sentimento de culpa deveria ter sido a consequência de agressões não realizadas, mas em outro momento, e justamente em seu início histórico, ou seja, por ocasião do assassinato do pai, em que ele deve ter sido a consequência de uma agressão de fato realizada. Mas também encontramos a saída dessa dificuldade. A instituição da autoridade interna, o superego, mudou as condições substancialmente. Anteriormente o sentimento de culpa coincidia com o arrependimento; isso nos fez perceber que a designação "arrependimento" deve ser reservada para a reação após a efetiva realização da agressão. Posteriormente, a diferença entre a agressão pretendida e a realizada de fato perde a sua força, por causa da onisciência do superego. Dessa forma, uma ação violenta de fato realizada poderia produzir um sentimento de culpa — como todo mundo sabe — tanto quanto uma ação apenas pretendida — como constatou a psicanálise. Independentemente da mudança da situação psicológica, o conflito entre ambas as pulsões primitivas, proveniente da ambivalência, produz o mesmo efeito. É evidente que somos tentados a buscar aqui a solução do enigma referente à relação instável do sentimento de culpa com a consciência. O sentimento de culpa decorrente do arrependimento pela má ação deveria ser sempre consciente, enquanto aquele proveniente da percepção do mau impulso poderia permanecer inconsciente. Mas não é tão simples assim. A neurose obsessiva contradiz isso enfaticamente. A segunda contradição refere-se à energia agressiva com a qual se imagina que o superego está equipado, porém uma versão diz que ela apenas dá continuidade à energia de punição da autoridade externa e a preserva para a vida psíquica, enquanto a outra versão considera que, na verdade, é a nossa própria agressividade, não destinada à utilização, que se dirige contra essa autoridade repressora. A primeira hipótese parece se adequar melhor à história, e a segunda à teoria do sentimento de culpa. Uma reflexão mais precisa quase diluiu essa oposição aparentemente irreconciliável; o que permaneceu como um resíduo essencial e comum a ambas foi que se tratava de uma agressividade desviada para dentro. Por outro lado, a observação clínica nos permite de fato diferenciar duas fontes para a agressividade atribuída ao superego. Num caso individual, é uma ou outra que exerce o efeito mais forte, mas no geral elas atuam em conjunto.

Aqui é, penso eu, o lugar certo para se defender seriamente uma versão que recomendei há pouco como provisória. Na literatura analítica mais recente é evidente uma preferência pela ideia de que toda espécie de negação, toda repressão da satisfação das pulsões teria ou poderia ter como consequência um aumento do sentimento de culpa.[5] Acredito que conseguiremos facilitar bastante a teoria se permitirmos que isso tenha valor apenas em relação às

---

[5] Principalmente em E. Jones, Susan Isaacs, Melanie Klein; e pelo que entendi, também em Reik e Alexander. (N.A.)

Ernest Alfred Jones (1879-1958) foi um psicanalista britânico, que fundou a *British Psychoanalytic Society* (Sociedade Psicanalítica Britânica) em 1919; Susan Sutherland Isaacs (1885-1948) foi uma psicóloga e psicanalista britânica, discípula de Melanie Klein no estudo do desenvolvimento das crianças. Theodor Reik (1888-1969), membro da

pulsões *agressivas*, e não encontraremos muita coisa contrária a essa suposição. Como podemos então explicar de forma dinâmica e econômica que, no lugar de uma exigência erótica não satisfeita, ocorra um aumento da consciência de culpa? Isso parece possível apenas por meio de um desvio, em que o impedimento da satisfação erótica produz uma certa tendência à agressividade contra a pessoa que perturba a satisfação, e que essa agressividade em si precisa ser novamente reprimida. Mas então é apenas a agressividade que se transforma no sentimento de culpa, quando é reprimida e empurrada para o superego. Estou convencido de que poderemos apresentar muitos processos de maneira mais simples e transparente, se a descoberta da psicanálise sobre a derivação do sentimento de culpa for limitada às pulsões agressivas. A análise do material clínico não nos dá uma resposta inequívoca, porque, de acordo com a nossa suposição, os dois tipos de pulsão quase nunca aparecem puros, isolados um do outro. Mas a apreciação de casos extremos apontará na direção que espero. Sinto-me tentado a considerar uma primeira utilização dessa versão mais rigorosa, aplicando-a ao processo de repressão. Como já aprendemos, os sintomas das neuroses são essencialmente satisfações substitutas

---

Associação Psicanalítica de Viena, foi acusado de charlatanismo, porque praticou a psicanálise sem ser médico. Freud reagiu vivamente, publicando o trabalho: "A questão da análise leiga." Sobre Franz Gabriel Alexander, ver a nota 6 na página 123 e sobre Melanie Klein, ver a nota 5 na página 122. (N.T.)

de desejos sexuais não satisfeitos. Para nossa surpresa, ao longo do trabalho analítico descobrimos que talvez toda neurose esconda uma certa porção de sentimento de culpa inconsciente, que por seu lado consolida os sintomas utilizando-os para o castigo. Então seria natural formularmos a seguinte frase: quando uma tendência à pulsão sucumbe à repressão, suas partes libidinais são convertidas em sintomas, e seus componentes agressivos em sentimento de culpa. Essa frase merece todo nosso interesse, mesmo que esteja correta apenas numa aproximação geral.

Alguns leitores deste ensaio poderão ter a impressão de que já ouviram em demasia a fórmula do combate entre Eros e a pulsão de morte. Essa fórmula deveria caracterizar o processo cultural que ocorre na humanidade, mas também se relaciona ao desenvolvimento do indivíduo, e além disso, revelaria o segredo da vida orgânica. Parece impreterível examinarmos as relações entre esses três processos. A repetição dessa mesma fórmula se justifica a partir da ideia de que o processo cultural da humanidade, assim como do desenvolvimento do indivíduo, também são processos vitais, portanto, devem fazer parte do caráter mais geral da vida. Por outro lado, é justamente por isso que a comprovação da existência dessa característica geral não contribui em nada para a diferenciação entre esses dois processos, enquanto ela não for limitada a condições específicas. Portanto, só poderemos nos tranquilizar com a afirmação de que o processo da cultura seria aquela modificação no processo de vida que ocorre quando este último sofre a influência de uma tarefa imposta por Eros e estimulada por Ananke[7] — a necessidade real — e que essa tarefa é a união dos indivíduos humanos numa comunidade ligada por meio da libido. Mas quando observamos melhor a relação entre o processo cultural da humanidade e o processo de desenvolvimento ou de educação do indivíduo, então podemos afirmar, sem vacilar muito, que ambos têm uma natureza muito semelhante, ou são o mesmo processo em objetos diferentes. Naturalmente o processo cultural da espécie humana é uma abstração de ordem superior à do desenvolvimento do indivíduo, e por isso mais difícil de se entender claramente; além disso, a busca de analogias não deve ser forçada. Mas considerando as metas semelhantes — aqui a inclusão de um indivíduo na massa humana, ali a criação de uma massa única a partir de muitos indivíduos — não será uma surpresa para nós a semelhança entre os meios utilizados para isso e os fenômenos que ocorrem. Por causa da sua extraordinária importância, não se pode deixar de mencionar uma característica que distingue os dois processos. No processo de desenvolvimento do indivíduo, mantém-se como meta principal o projeto do princípio do prazer, que é o de encontrar

---

[7] Ver a nota 4 na página 76. (N.T.)

a satisfação da felicidade; a sua inclusão numa comunidade humana ou sua adequação a ela, parece uma condição inevitável a ser cumprida no caminho da conquista dessa meta. Se ela pudesse ser alcançada sem essa condição, talvez fosse melhor. Expressando-o de outro modo: o desenvolvimento individual parece-nos um produto da interferência de duas aspirações, a aspiração à felicidade, que geralmente chamamos de "egoísta", e a aspiração à união com o outro na comunidade, que chamamos de "altruísta". Ambas as definições não vão muito além da superfície. No desenvolvimento individual geralmente a ênfase recai, por assim dizer, sobre a aspiração egoísta, ou a aspiração à felicidade, e a outra, que chamamos de "cultural", via de regra se satisfaz com o papel de uma restrição. No processo da cultura é diferente. Nesse caso, a meta da criação de uma unidade a partir dos indivíduos humanos é de longe a mais importante; a meta da felicidade continua existindo, mas é empurrada a um segundo plano. Quase nos parece que a criação de uma grande comunidade humana teria mais êxito se não precisássemos nos preocupar com a felicidade do indivíduo. Portanto, o processo de desenvolvimento do indivíduo pode até ter suas características específicas, que não são encontradas no processo cultural da humanidade; só quando o primeiro tem como meta a ligação à comunidade, é que ele coincide com o último.

Assim como o planeta orbita ao redor do seu astro central, e também realiza o movimento de rotação em volta de seu próprio eixo, o indivíduo também participa do processo de desenvolvimento da humanidade, enquanto percorre o seu próprio caminho de vida. Mas, diante do nosso olhar míope, o jogo de forças no céu parece paralisado numa ordem eternamente igual; no reino orgânico ainda vemos como as forças lutam entre si, e os resultados dos conflitos mudam constantemente. Da mesma forma também as duas aspirações, a de felicidade individual e a de união humana, brigam entre si em cada indivíduo, e então os dois processos, o de desenvolvimento individual e o de cultura, precisam se enfrentar e brigar um contra o outro pelo espaço a ser ocupado. Mas essa luta entre indivíduo e comunidade não é descendente direta da oposição, provavelmente irreconciliável, entre as pulsões primordiais de Eros e de morte; ela representa uma disputa no controle da libido, comparável à briga pela divisão da libido entre o ego e os objetos, permitindo uma compensação final para o indivíduo — como também para o futuro da civilização — mesmo diante das dificuldades que ele precisa enfrentar atualmente.

A analogia entre o processo da cultura e o caminho do desenvolvimento do indivíduo pode ser significativamente ampliada. Podemos afirmar que a comunidade também desenvolve um superego, e que o desenvolvimento da cultura se processa sob sua influência. Acompanhar em detalhes essa comparação pode ser uma tarefa atraente para um conhecedor das culturas humanas. Quero me restringir à ênfase de alguns pontos mais marcantes. O superego de uma época cultural tem uma origem semelhante à do superego do indivíduo, baseando-se na impressão legada por grandes personalidades da liderança mundial. São pessoas com uma imponente força espiritual, ou que conseguiram desenvolver uma das aspirações humanas da forma mais forte e pura, e muitas vezes também mais unilateral. Em muitos casos a analogia vai mais longe ainda, na medida em que, ao longo de suas vidas, essas pessoas — frequentemente, se não sempre — foram escarnecidas, maltratadas ou até marginalizadas de forma cruel, como o pai primitivo, que só depois da sua morte violenta ascendeu ao status de divindade. O exemplo mais marcante dessa confluência do destino é justamente a pessoa de Jesus Cristo, se ela não for parte do reino do mito que a chamou à vida, na sombria lembrança daquele acontecimento tão antigo. Outro ponto da coincidência é que o superego da cultura, bem como o do indivíduo, impõe rigorosas exigências ideais que, quando não obedecidas, são punidas pela "consciência". Então ocorre o estranho caso em que os procedimentos psíquicos que fazem parte disso são, para nós, quando vistos a partir da massa, bem mais familiares e mais acessíveis à consciência do que a partir do indivíduo. Neste último, apenas as agressões do superego, no caso da tensão, são percebidas como censuras ruidosas, enquanto as exigências muitas vezes permanecem inconscientes e até mesmo em segundo plano.

Quando as trazemos à consciência, vemos que coincidem com os preceitos do superego da respectiva cultura. Nesse ponto ambos os eventos, tanto o processo de desenvolvimento da massa quanto o do indivíduo estão, por assim dizer, regularmente colados um ao outro. Por isso, algumas expressões e características do superego podem ser reconhecidas mais facilmente por meio do seu comportamento na comunidade cultural do que no indivíduo.

O superego da cultura produziu os seus ideais e aumentou suas exigências. Dentre as últimas, aquelas que se referem às relações das pessoas entre si, são definidas como ética. Em todas as épocas foi conferido um valor muito grande a essa ética, como se esperássemos dela realizações especialmente importantes. De fato, a ética concentra-se naquele ponto que se reconhece facilmente como o lugar mais vulnerável de toda cultura. Portanto, a ética deve ser entendida como uma tentativa terapêutica, como um esforço de se alcançar, por meio de um mandamento do superego, o que até agora não se conseguiu alcançar com outros trabalhos da cultura. Já sabemos, e até perguntamos isso aqui, como poderia ser vencido o maior obstáculo da cultura, ou seja, a tendência constitucional dos seres humanos à agressão recíproca. Justamente por isso, o provavelmente mais recente dos mandamentos do superego cultural é o que poderá nos interessar especialmente: "Ama o teu próximo como a ti mesmo." Na pesquisa e na terapia das neuroses chegamos a apresentar duas críticas contra o superego do indivíduo; no rigor de seus mandamentos e proibições, ele se preocupa muito pouco com a felicidade do ego, pois não leva em conta, suficientemente, as resistências contra a observância desses mandamentos, a força das pulsões do Id e as dificuldades do mundo real à sua volta. Por isso, com o propósito terapêutico, muitas vezes temos a necessidade de combater o superego e nos esforçarmos em reduzir as suas pretensões. Podemos levantar objeções bem semelhantes contra as exigências éticas do superego da cultura. Ele também não se preocupa suficientemente com as realidades da constituição psíquica humana, decreta um mandamento e não pergunta se é possível, para o ser humano, obedecê-lo. Ele supõe que, para o ego das pessoas, é possível psicologicamente fazer tudo o que o incumbimos de fazer, que ele dispõe de um domínio absoluto sobre o Id. Isso é um grande engano, e mesmo quando se trata da assim chamada pessoa normal, o controle sobre o Id não pode ser elevado acima de determinados limites. Se exigirmos demais, provocaremos no indivíduo uma reação de oposição ou uma neurose, ou então a sua infelicidade. O mandamento "ama o teu próximo como a ti mesmo" é a mais forte defesa contra a agressividade humana, e um excelente exemplo da atuação não psicológica do superego cultural. O mandamento é inexequível; uma inflação tão extraordinária do amor só pode reduzir seu valor, mas não afastar a sua necessidade. A civilização negligencia tudo isso; ela apenas adverte que, quanto mais difícil a observância da regra, mais meritória ela será. Aquele que obedecer a uma regra como essa, na cultura atual, só se colocará em desvantagem contra aquele que a desdenha. Será que o impedimento à cultura, por parte da agressividade, deverá ser tão violento a ponto da defesa contra ela tornar a pessoa tão infeliz! Nesse caso, a assim chamada ética natural não tem nada a oferecer à pessoa, a não ser a satisfação narcísica dela se considerar melhor do que as outras. A ética que se apoia na religião interfere nisso com suas promessas de uma vida melhor no além. Quero dizer, enquanto a prática da virtude na vida terrena não valer a pena, a ética vai continuar pregando à toa. Parece-me também indubitável que uma mudança real nas relações das pessoas com suas posses será um remédio melhor do que qualquer mandamento ético. Mas entre os socialistas esse ponto de vista é turvado por um novo desconhecimento idealista da natureza humana, portanto, desvalorizado para uma implantação.

A linha de pensamento que pretende acompanhar o papel de um superego nos fenômenos do desenvolvimento da cultura parece-me prometer mais informações. Vou me apressar na conclusão. No entanto, dificilmente poderei evitar uma pergunta. Se o desenvolvimento da cultura possui uma semelhança tão ampla com o do indivíduo e trabalha com os mesmos meios, não estaríamos autorizados a formular o diagnóstico de que muitas culturas — ou épocas culturais, e possivelmente toda a humanidade — tornaram-se "neuróticas" sob a influência das exigências da cultura? Poderiam ser agregadas diversas sugestões terapêuticas à dissecação analítica dessas neuroses, e com um grande interesse prático. Eu não poderia dizer se uma tentativa como essa, de transferência da psicanálise à comunidade cultural, seria insensata ou condenada à esterilidade. Mas deveríamos ter muito cuidado em não esquecer que se tratam apenas de analogias, e que é perigoso não só no caso das pessoas, mas também no de conceitos, arrancá-los das esferas em que surgiram e se desenvolveram. O diagnóstico das neuroses da comunidade também enfrenta outra dificuldade especial. No caso da neurose do indivíduo, o contraste que faz o doente se destacar do seu entorno supostamente "normal", serve-nos como a referência mais próxima. Um pano de fundo desse tipo deixa de existir numa massa afetada por igual, ele deve ser buscado em outro lugar. E no que se refere à utilização terapêutica desse ponto de vista, de que ajudaria a análise mais procedente da neurose social, se ninguém possui a autoridade para impor uma terapia à massa? Apesar de todas essas dificuldades, podemos esperar que alguém, um dia, tenha a coragem de tomar a iniciativa e enfrente uma patologia como essa, das comunidades culturais.

Pelos mais diferentes motivos, não penso em fazer uma avaliação da civilização humana. Esforcei-me em manter à distância o efusivo pré-julgamento de que a nossa civilização é a coisa mais valiosa que possuímos ou que podemos conquistar, e que o seu caminho deveria necessariamente nos conduzir a alturas de inimagináveis perfeições. Pelo menos eu posso ouvir, sem me indignar, a crítica de que quando encaramos as metas da aspiração à cultura e os meios por ela utilizados, deveríamos chegar à conclusão de que todo esse esforço não vale a pena, e que o resultado poderia ser apenas uma situação que o indivíduo considera insuportável. A imparcialidade torna-se mais fácil para mim, pelo fato de saber muito pouco sobre todas essas coisas; apenas sei com certeza que os juízos de valor das pessoas são sempre determinados pelos seus desejos de felicidade, portanto, são uma tentativa de sustentar suas ilusões com argumentos. Eu entenderia muito bem o argumento de alguém que destacasse o caráter obrigatório da cultura humana e, por exemplo, dissesse que a tendência à restrição da vida sexual ou a implantação do ideal humanitário às custas da seleção natural seriam direções do desenvolvimento que não podem ser evitadas nem desviadas, e que o melhor que temos a fazer é nos curvarmos diante delas, como se fossem necessidades da natureza. Também conheço a objeção a isso, afirmando que essas aspirações, que considerávamos inalcançáveis, muitas vezes foram jogadas fora ao longo da história da humanidade e substituídas por outras. Assim, perco a coragem de me colocar como um profeta diante do meu semelhante, e curvo-me à sua crítica de que não sei como lhe oferecer algum consolo, pois basicamente todos exigem isso, desde os revolucionários mais violentos até os piedosos mais devotos.

A questão que se levanta sobre o destino da espécie humana parece-me ser se, e em que medida, o desenvolvimento da sua cultura conseguirá dominar as perturbações da vida comunitária produzidas pelas pulsões humanas de agressão e de aniquilamento. Em relação a isso, talvez justamente os tempos atuais mereçam um interesse especial. Hoje os seres humanos conseguiram chegar tão longe no domínio das forças da natureza que, com a ajuda delas, podem facilmente exterminar uns aos outros até o último homem. Eles sabem disso, e daí deriva a maior parte da sua atual angústia, sua infelicidade, sua sensação de medo. Então pode-se esperar que o outro dos dois "poderes celestiais", o eterno Eros, fará um esforço para se impor na luta contra o seu também imortal adversário. Mas quem poderá prever o êxito ou o desfecho dessa luta?

© *Copyright* desta tradução: Editora Martin Claret Ltda., 2020.
Título original: *Das Unbehagen in der Kultur*

DIREÇÃO
Martin Claret

PRODUÇÃO EDITORIAL
Carolina Marani Lima
Mayara Zucheli

DIREÇÃO DE ARTE E CAPA
José Duarte T. de Castro

DIAGRAMAÇÃO
Giovana Quadrotti

REVISÃO
Daniela Kahn / Mayara Zucheli

IMPRESSÃO E ACABAMENTO
Geográfica Gráfica

Este livro segue o novo Acordo Ortográfico da Língua Portuguesa.

Dados Internacionais de Catalogação na Publicação (CIP)
(Câmara Brasileira do Livro, SP, Brasil)

Freud, Sigmund, 1856-1939
  O mal-estar na civilização / Sigmund Freud; tradução: Inês A. Lohbauer. – São Paulo: Martin Claret, 2020.

Título original: Das unbehagen in der Kultur
ISBN: 978-65-86014-65-5

1. Civilização 2. Psicanálise e cultura. I. Título.

20-39167   CDD-150.1952

Índices para catálogo sistemático:
  1. Psicanálise freudiana 150.1952
Cibele Maria Dias - Bibliotecária - CRB-8/9427

EDITORA MARTIN CLARET LTDA.
Rua Alegrete, 62 - Bairro Sumaré - CEP: 01254-010 - São Paulo, SP - Tel.: (11) 3672-8144 - www.martinclaret.com.br
1ª reimpressão - 2022

CONTINUE COM A GENTE!

- Editora Martin Claret
- editoramartinclaret
- @EdMartinClaret
- www.martinclaret.com.br

IMPRESSO
EM PAPEL
Pólen
mais prazer em ler